上一堂「慰安婦」的課

「慰安婦」問題を子どもにどう教えるか

一位日本中學教師的戰鬥紀實

平井美津子——著
黃昱翔——譯

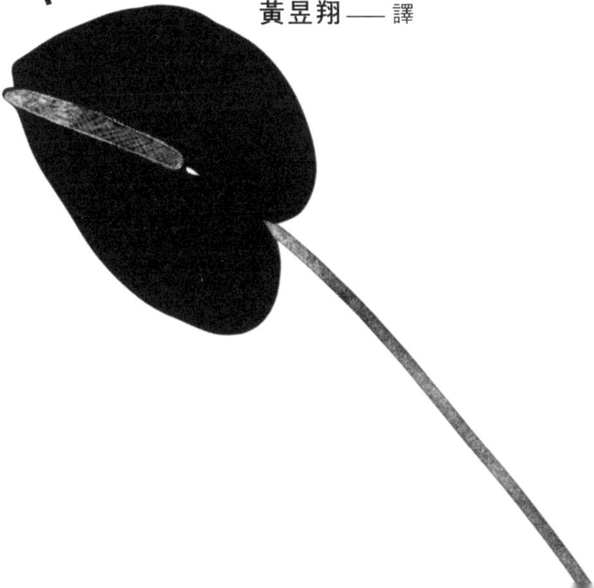

目次

推薦序　讓你我持續對話「慰安婦」議題／康淑華　7
推薦序　在大阪，我重新認識「慰安婦」／張郁婕　20
台灣版序　傳承「慰安婦」歷史的責任　29
前言　35
第一章　教「慰安婦」議題很危險？　37
「修辭」　38
為何學校要降半旗？　41
金學順女士的證詞　43
遭到攻擊的教科書出版社　45

第二章　教導「慰安婦」議題的第一堂課　51
在「戰後五十年」的氛圍下　52
只要軍隊存在，性暴力就不會消失　54
「如果右翼來了怎麼辦？」　59
課程造成親子爭吵！？　62
「聽到『從軍慰安婦』這個說法讓我很悲傷」　66

第三章　與「沖繩」相遇的孩子們　71
「妳要加油才行」　72
從教科書裡消失的「慰安婦」　77
想繼承她們行動的勇氣　82
修學旅行改變了孩子們　84
傳述沖繩戰的責任　87
「我在收集連署喔！」　92
請聽聽我們的聲音　94

第四章　與阿嬤的約定　99
在特會來了！　100
「妳因為教學生我們的事而遇到麻煩嗎？」　104
講義被公開、在特會成員遭到逮捕　108

第五章　老師，我們還沒要上「慰安婦」的課嗎？　113
「『慰安婦』的課上了嗎？」　114
「老師，我們還沒要上『慰安婦』的課嗎？」　116
即使是在戰爭中，有些事還是不可原諒　119

第六章　真正的「和解」是什麼？——國中生開始思考　125
對突如其來的日韓協議感到詫異　126
憤怒、悲傷、懊悔……沖繩又有女性犧牲　127
真正的「和解」是什麼？　131

第七章　無所畏懼地持續教「慰安婦」議題　141
教學現場籠罩在「揣摩上意自我審查」的風暴中　142

無所畏懼地持續教「慰安婦」議題 146
「不當旁觀者」並「起身抵抗」 151

附錄 157

加藤內閣官房長官發言 158
河野談話 160
村山談話 162
宮澤談話 165
安倍談話 167
在日本進行的日軍性暴力受害者訴訟 173
日軍慰安所地圖 186
教材研究的參考書目 194

後記 196

新版後記（二〇二四年） 200

推薦序

讓你我持續對話「慰安婦」議題

康淑華（臺北大學社會工作學系助理教授）

二〇〇六年，我加入婦女救援基金會（以下簡稱「婦援會」）工作，開始接觸到台灣「慰安婦」倖存者。第一次和這群同事們暱稱為「阿嬤」的倖存者相見，是在婦援會為其舉辦的一場婚紗圓夢計畫，擔任工作人員的我，有機會近距離接觸這群大眾媒體上所提及的二次大戰日軍性暴力受害者。在這場工作人員用心設計的圓夢活動中，我看到高齡倖存者展現的美麗笑容，也擴展了我對於議題的想像。

社工出身的我，於二〇〇八年開始主責慰安婦議題，直到二〇一八年初。在那近十年的日子裡，和這群倖存者、倡議者，以及國內外許多夥伴們一起努力。但是，工作歷程並非都是順暢的，很多時候需要面對衝突。回首來看，這些衝突常起源於對這個議題的不同論述觀點，包括：隨著運動的推進，工作者對於倡議方式的不同見解、外部支持者和婦援會倡議取向的差異、不同政治立場人士對於議題的衝突論述，甚至部分社會大眾對於求償運動正當性的質疑。當時，我們必須在維護倖存者的利益、組織的立場、求償運動的持續往前、以及與社會大眾的對話間拔河。

當時，我看到許多夥伴非常努力地在為這個議題的倡議努力、盡心地照顧倖存者的身心需求，但同時面對的挑戰是這群年長倖存者的快速凋零、日本政府拒絕正式肯認法律責任、台灣政府在此議題上的著力有限、以及社會大眾的冷漠。另一方面，婦援會也肩負著保存慰安婦歷史記憶的使命。在政府無法提供博物館正式場地及足夠的資金補助，以及企業和社會大眾對此議題的迴避或無感下，議題的倡議與紀念館的推進、募款，與營運，對一個社福組織而言，皆是巨大挑戰。隨著台灣已知五十九位倖存者皆已過世（最後一位倖存者於二〇二三年辭世），如何使台灣社會持續關注慰安婦議題，顯得更為艱鉅。

今年是二戰結束八十年，令人遺憾的是當年婦女所遭遇的日軍性暴力問題在三十多年的人權運動後，並未獲得來自日本政府的正式法律賠償與歷史責任肯認。當前國際間戰事仍不斷，許多生命受到無辜傷害，性暴力議題仍持續發生，也因此，如何讓慰安婦歷史持續被當代社會所記憶，從過去的歷史錯誤中學習，是一項刻不容緩的議題。社會大眾，特別是年輕世代，需要從慰安婦的歷史事件中認識女性人權與和平的價值，理解個體生命如何鑲嵌在歷史、社會及國際脈動的洪流中，並進一步思考人我與社會、國家，及國際間的緊密關係，以及我們可以做些什麼來創造一個尊重、和平、自由的生活環境。也因此，身為倡議者、教育者、研究者、家長，或是一般大眾的你我，需要重新思考該如何與社會大眾，特別是年輕世代展開對話，持續推動慰安婦議題的公共討論。

本書作者平井美津子任職於大阪公立國中，她在日本歷史修正主義及右翼勢力阻擾的環境下，反思身為一位當年侵略國之歷史老師的責任，致力於教授慰安婦議題給年輕學子。她說：「戰爭作為歷史離我們越來越遠，但作為現實卻離我們越來越近。」平井老師讓學生認識慰安婦倖存者當年的遭遇、戰後的生活、多年後公開現身的意義，以及將議題的討論連結到當代沖繩美軍基地對當地婦女的性暴力議題。透過多元的學習方式，加深學生對戰爭傷害與和平的重要性之理解，也帶領學生討論為什麼要關心慰安婦議題，以及這個議題其實離我們一點也不遙遠。書中平實但生動地描述了透過這些學習，學生們如何在校園及生活中更加關注過去的黑暗歷史，並以行動實踐公民責任與人權關懷。書中所記載的幾段學生回饋令我印象深刻：

我希望日本政府真心道歉，而不是只要有道歉就好。一定不能讓這些對女性過分的行為，以及造成這些行為的戰爭再次發生。為此，我想學習並傳遞這件事，由生活在這個時代的人們將這些事傳承給下一代，再傳承給下下一代，就是我們所能踏出的第一步。（學

生回饋）

人類總要以過去發生的事為養分，活出現在和未來，因此不應該抹消這些能夠成為養分的事實。（學生回饋）

了解自己國家的事，才能跟亞洲各國建立友誼。（學生回饋）

要道歉的是政府，但身為日本人，我希望了解過去的事，包含負面的部分，以憲法九條為基礎建立和平的社會。（學生回饋）

我也喜歡平井老師帶領學生試著共情當年的士兵與慰安婦受害者，理解他／她們的心情，以及換作他／她自己，會有什麼樣的感受與選擇，以及思考什麼是真正的和解：

我覺得日軍甚至沒有把「慰安婦」當人看。我認為，為了打勝仗這是不得已的事，但我還是會想，難道就沒有別的辦法嗎？（學生回饋）

我認為如果要達成真正的和解，日本政府應該要正式道歉，也應該最大程度接受受害者的訴求。我也認為，我們應該像保留原爆圓頂館的遺址一樣保留一個空間，讓這個記憶作為地球及人類的負面遺產不被大家遺忘……（學生回饋）

這些日本學生對議題的回應，讓我回想起台灣過去二十年的教育現場。台灣的中學教科書對於慰安婦議題向來著墨有限。高中大專院校的校園宣導，以及倡議慰安婦議題納入歷史課綱一直是婦援會的工作重點之一。還記得在二〇〇九年左右，那時我們打算發展給高中生的教案，一位北市明星高中的老師熱情地協助這個發展計畫，她後來在試教後告訴我，這個議題必須要與年輕世代的生命有所連結，否則，很多年輕人會覺得這個議題太遙遠了。當然，婦援會本身是個婦運團體，早已連結慰安婦與女權及性別暴力議題做論述，但在議題擴散的成效上的確有限。學者們在二〇一〇年代的研究也指出，台灣民眾當時對於此議題的支持度是停滯及冷淡的。我自己在實務現場上的經驗也是如此。運動該如何往下走，同時也對這群高齡倖存者的生活及身心需求有更好的照顧，是我們當時內部不斷辯證的主題。

我以社工背景投入到慰安婦人權運動中，有著個人的特別關注。我在婦援會及其「身心照顧工作坊」[1]所看到的慰安婦阿嬤，不僅是一位暴力倖存者、老年女性，也具備多元的性別角色（妻子、女兒、媽媽、祖母／外婆等）。得以近距離看到她們的喜怒哀樂，而

1 「身心工作坊」自一九九六年開始舉辦，直至二〇一三年停止，歷時十六年。透過社工師、諮商師的帶領，運用談話、藝術治療及戲劇治療等，試圖創造一個友愛的支持環境，帶領高齡的倖存者面對過去生命經歷以及晚年生活議題。

不僅是媒體或人權運動舞台上的倖存者/受害人形象，也讓我後來對於慰安婦運動論述下所建構出的倖存者模樣感到興趣。回應平井老師在本書中介紹她如何在課堂上「教一堂慰安婦的課」，那麼，台灣的論述脈絡是甚麼?我們可以如何在二〇二五年理解這個議題?

國際慰安婦運動論述

台灣慰安婦運動論述深受跨國慰安婦運動所影響，在討論台灣之前，我們需要先理解國際論述脈絡。國際慰安婦運動自一九九〇年來主要以女性人權（women's rights）及國族主義（nationalism）為兩大運動論述主軸。韓國挺身隊問題對策協議會（The Korean Council for the Women Drafted for Military Sexual Slavery，簡稱「挺隊協」）作為跨國慰安婦人權運動的推手，在慰安婦公共論述的建構上扮演著重要角色。學者們指出，挺對協於一九九〇年代初期的慰安婦議題論述深受韓國後殖民國族主義影響，其論述核心在於維護國家尊嚴，慰安婦多被呈現為日本軍國主義與殖民主義的暴行。此類論述建構出一種集體的慰安婦受害形象，強調慰安婦制度的強制性，進而排除了非典型受害者，日本女性主義學者上野千鶴子指出，此論述容易造成倖存者究竟是「純潔/被迫」還是「不潔/自願」的二元對立討論。此外，這樣的說法也強化了父權論述，女性成為被國家權力規訓的主體，弱化了個體的能動性與差異經驗，也缺乏對倖存者在戰後韓國父權社會所受到的二度傷害之批判。

受到國際及韓國女性主義運動的影響，挺對協在一九九〇年代逐步將慰安婦議題轉向女性人權論述。一九九一年金學順的公開證言為關鍵契機，將慰安婦制度界定為侵犯女性人權的議題，並與當時國際社會對戰爭性暴力（如前南斯拉夫與盧安達）的關注相互呼應。為爭取國際支持此一論述，挺對協也發起跨國聯盟及多場聯合國會議與報告，韓裔美國學者蘇貞姬認為，挺對協成功地將慰安婦議題論述從日韓間的賠償糾紛轉變為國際社會對日本戰時性暴力的譴責。不過，不少研究提醒，僅以女性人權為解釋框架仍有其侷限，因為討論慰安婦制度就必須同時正視日本的帝國主義、殖民主義，以及韓國本身的父權文化。另外，倖存者在戰時與戰後的處境與傷害往往來自其多重的社會位置之交織，如種族、階級與性別，與戰後的國際動力。我們必須看到這些多重的結構性壓迫，才能更加完整地理解慰安婦制度帶給個體的傷害。

台灣的論述脈絡

日本在慰安婦議題上多年來僅做出有限的承認。一九九三年的「河野談話」雖表達歉意，但日後多被日本政治人物所推翻；一九九五年，日本政府雖與民間合作設立了「亞洲女性國民基金」以解決慰安婦議題，但此舉多被倡議團體及倖存者批評為規避國家責任。亞洲各國後續的慰安婦對日求償訴訟亦都敗訴收場。從平井老師的文字中，也可以看到日本對於此議題不論是政治或教育態度上的迴避、否認及打壓。

不過，台灣慰安婦運動的另一個艱鉅挑戰，是台灣社會本身對於慰安婦議題並未有共識。由於台灣複雜的政治社會脈絡，慰安婦議題往往被捲入統獨論戰或藍綠政黨的政治攻防，也進一步形塑了民眾對此議題的態度。許多人將慰安婦簡化為「抗日」或「仇日」議題，而大眾則往往選擇冷漠以對。此外，在傳統父權文化下，性剝削或性暴力之倖存者常被汙名化，也削弱了社會大眾對於慰安婦議題的興趣或同理，使這段女性受害經歷在台灣的歷史被邊緣化。面對這樣的困境，如何爭取社會大眾的支持是台灣慰安婦運動的重要任務。

以我個人的觀察，台灣的慰安婦運動在早期和韓國類似，同樣交互運用了國族主義與女性人權論述，以爭取社會支持。一九九〇年代，婦援會的主要論述策略著重於凸顯倖存者的受害經驗，以強化求償的必要性。這類敘事方式如前述，容易排除非典型受害者的經驗，特別是來自貧困家庭、年少時被迫進入性產業工作，而後遭日軍慰安婦制度所害的女性。而這類倖存者也容易受到「動機論」人士的質疑，認為她們是「軍妓」、「自願」，否定其在慰安婦制度下所受的身心創傷。這類批評忽視性剝削的本質以及加害人的責任，反而將受暴責任歸咎於受害者本身的選擇。我們可以想像，在這樣的社會輿論下，「非典型」倖存者更難公開自身經驗，倡議團體往往也需要在論述中更加凸顯典型倖存者的創傷，以爭取社會支持。此外，婦援會作為台灣重要的女權倡議團體，也與跨國慰安婦運動論述接軌，將慰安婦定位為「戰爭性奴隸」。此一女性人權論述與戰爭性暴力、性奴役連結，更重要地，讓慰安婦議題可以超越藍綠黨派，與不同政黨及人權團體展開合作與對話。這個論述非常重要，也毋庸置疑。但我認為在台灣的社會環境下，此論述在引發大眾對慰安婦議題的共鳴上，效果有限，需要找到更有效的社會對話方式。

發展以人權為基礎的人文主義論述

二〇〇九年七月，婦援會同事們為吳秀妹阿嬤舉辦的空姐圓夢計畫登上多家新聞頭版。那段時間，其實也是我們在對日求償敗訴後，把更多焦點放在照顧這群倖存者的晚年生活之際。不論是「身心照顧工作坊」或「圓夢計畫」，都是夥伴們想要更完整地回應這群高齡倖存者身心需求的努力。媒體的爭相報導，或許是因為圓夢計畫中的秀妹阿嬤翻轉了台灣高度政治化的慰安婦形象。這樣的論述效果，對我最為震撼的，應是後來參與紀錄片《蘆葦之歌》的拍攝與製作。吳秀菁導演著重在身心工作坊的「與創傷和好、和解」，以及倖存者晚年生命韌性的敘事手法，原本受到不少人的質疑，總覺得少了對日本的控訴及慰安婦制度傷害的深刻描述。但，後來百萬票房的院線紀錄跌破了許多眼鏡。紀錄片上院線的時間點，恰巧遇到一〇三課綱微調慰安婦為「被迫」的爭議，社會對於這個議題有極大的關注與討論。我們以紀錄片接近大眾，讓觀眾認識這群倖存者，一起參與她們生命的療癒之旅，進一步引導觀眾認識影片背後的歷史脈絡與蘊含的人權議題。

《蘆葦之歌》的成功，也進一步更加讓我們確認阿嬤家博物館在迪化街以「記憶歷史、超越創傷、激發前行力量」為主旨的論述。我後來把這個論述定義為「人文（或人本）主義論述」（humanistic discourse），以女性人權為基礎，透過強調倖存者的獨特個性及堅毅生命力量，讓這個困難的人權議題可以用柔軟的方式與民眾接近、對話，也讓大家願意靠近。那時的想法是，如果大家可以對於倖存者的生命故事有所感動或回應，我們就有機會進一步對話議題背後的多重歷史、人權與性別議題。從紀錄片與阿嬤家博物館的觀眾回饋，我認為這個論述取向在連結大眾，特別是年輕的一代，是有效的。

此人文主義論述並非台灣獨有，在其他國家的慰安婦影片、博物館與公共藝術中也可看到將倖存者個性化的情感訴求方式。不過，在台灣，這個論述的發展與運用深受台灣的社會政治脈絡，以及婦援會本身長期投入對倖存者的身心照顧所影響，也算是台灣的獨特之處。不過，我認為人文主義論述有其侷限性。它可能會因為缺乏歷史脈絡或過度依賴溫情敘事而簡化了倖存者的生命經驗，甚至形成另一種新的集體化形象。韓國與台灣的經驗均顯示，僅靠單一論述不足以解釋慰安婦議題及受害者的多重創傷。因此，在透過人文主義論述提高社會關注後，倡議者或教育者需提供更完整的歷史脈絡與人權論述，以揭示戰時性剝削與性奴役制度、殖民與父權主義的壓迫，以及此議題與當代性別暴力和國際情勢的連結。

看待慰安婦議題的新視角

二〇二五年在看待台灣慰安婦議題上，我想於此提出兩個視角：

一、人在歷史洪流中的「不能」與「能」

台灣慰安婦倖存者所受的傷害來自多重層面，除了日軍性暴力之外，還包括戰前與戰後的多重社會結構壓迫，如：性別不平等、階級議題、殖民主義下的族裔歧視、以及父權文化等。以漢族慰安婦為例，根據朱德蘭老師研究，多數倖存者來自貧窮家庭，超過五十%在幼年時被出養為養女、童養媳，未有機會受完整教育，更需要在童年或青少女時期工作養家，進而成為人口販子的覬覦目標，推入日軍慰安所。而我的研究也看到，戰後，台灣社會對於倖存者的歧視、傳統婚姻與生育觀念對因為慰安婦經驗而無法生育的倖存者所造成的壓力，加重了她們的心理壓力，影響其婚姻、母職與家庭關係，並進而影響其生命及家庭發展歷程，這是個體處於歷史洪流及社會文化下的無法抵抗之處。但是，即使是在如此的挑戰與困境下，個體及其家庭仍有其能動性與韌性，從五十年的噤聲到有勇氣公開現身、參與國際集體求償行動，以及部分家人從不諒解到理解及支持，努力走出慰安婦創傷所帶來的代間陰影，這都呈現了人也有能力在歷史的巨流及社會文化變遷中展現行動與選擇。

二、重視不同文化下的個體差異及家庭代間經驗

在五十九位台灣慰安婦倖存者中，有十二位是原住民受害者。承前述的文化歷史脈絡與個體生命的鑲嵌，我們需要進一步去看到漢人（閩南與客家籍婦女）與原住民族婦女在戰前與戰後所處的社會文化結構脈絡之差異性。例如：漢人女性的生命歷程多受到傳統儒家父權文化影響，而原住民族受害者所處的結構壓迫則與族群的歷史創傷及族群文化有關。以太魯閣族女性為例，她們的生命與日本殖民政府對原住民族所施加的國家暴力、族

群文化中對於性的規範（gaya）、以及戰後原住民族在台灣社會的被邊緣化等，交織成不同層次的生命創傷。此外，不論原漢，這些慰安婦創傷與結構壓迫的交織經驗不僅影響了個體的生命軌跡，也進一步影響了家庭與世代關係，需要我們更進一步的關注。

慰安婦議題的討論，不僅是追求被害者的正義，也關乎我們如何面對歷史、創造未來。平井老師的努力，正是期待讓日本年輕學子得以面對過去侵略歷史，不再重蹈覆轍，更有尊嚴地往前走。同樣地，我想呼籲，在台灣，這個議題需要政府及你我的更加重視，讓歷史不被遺忘。不論是於教科書對議題應該有更完整的論述，或是慰安婦紀念館的資源需要更多的政府挹注，我們需要讓下一代理解沒有人應該為戰爭的「不得已」而被犧牲。即使加害者迄今尚未全面認錯，倖存者已都凋零，來自台灣政府及大眾的支持，代表社會對受害者所承受的苦難之肯認。這些理解可以撫平當事人及家屬的尊嚴，也重申我們社會對於人權價值的重視。期待本書的出版可以促成更多人理解，慰安婦這段歷史需要持續被你我所記憶，讓我們在教育現場、在博物館、在各種社會教育場合持續對話，為我們的下一代，創造一個更美好的未來！

推薦序

在大阪，我重新認識「慰安婦」

張郁婕（《轉角國際》專欄作家）

二〇一五年十二月二十八日，日本和韓國雙邊外長達成「日韓合意」，也就是雙邊就「慰安婦」問題達成「最終且不可逆」的協議。當時人在日本大阪留學的我，看到這則新聞時簡直難以置信——「慰安婦」問題並非日、韓雙邊的問題，為什麼雙邊政府能夠就此達成協議？台灣或是其他國家的「慰安婦」倖存者，她們的權益會不會因此被「不能代表自己的外國政府」給犧牲掉？

當時我急著想和身邊的日本同學討論，沒想到緊接而來的又是另一衝擊——身邊的日本同學，先不說沒有人知道台籍「慰安婦」的存在了，有的人甚至連台灣曾經是日本的殖民地都不知道。大阪大學是舊帝大體系的學校，在日本也算數一數二的大學，應該聚集日本各地「很會唸書」的人，但對我而言理所當然的常識，卻不是身邊這些同學印在腦中的事情，有如晴天霹靂。後來我才意識到，他們也是升學主義下的受害者——考試不考的就不會放在心上（例：台灣曾是日本的殖民地），同時他們也是在求學階段，正好經歷各出版社陸續刪除課本中關於「慰安婦」相關敘述的受害者。不是所有老師都像本書作者平井老師這麼熱血，當學校老師沒有特別提，又或是同學上課「聽過就忘」，大家對於「慰安婦」一詞的印象或了解，就只能從新聞中一探究竟。

這起事件成了我日後持續探索「慰安婦」相關議題的契機，也讓我學會拋開成見、把自己歸零，跟著身邊的人一起重新學習。因為我實在太想知道日本的教育體系和媒體生態到底出了什麼問題？我也在接觸各國「慰安婦」議題的過程中發現，我以為自己「已經知道的」並不是制度的全貌。從那天的晴天霹靂，到本書中文版上市歷經了十年，每一年我都還是會有新的發現。

既然這本書的中文書名叫做《上一堂「慰安婦」的課》，那第一課應該就是為什麼本文寫到這裡，「慰安婦」一詞全部都有加上、下引號？使用上、下引號標註，表示這個說法具有爭議，但保留這個用法是將「慰安婦」作為歷史上曾經出現過的用語來使用，而非認同這個詞背後所帶有的含義，平井老師在本書正文中也都是如此標註。大家可以試著想想看這個詞的問題出在哪裡，稍後再說明理由。

大阪是最適合接觸「慰安婦」議題的地方

或許是上天的旨意，我當年留學的大阪（也是平井老師的生活據點），正是最適合鑽研這些問題的地方。

舉例來說，在日朝鮮・韓國人社群在大阪歷史悠久，而他們在日本「慰安婦」運動中扮演非常關鍵的角色。在日朝鮮・韓國人不只是穿梭在日、韓兩地，協助雙邊社運團體交流的重要推手，也是在日本境內陪伴韓裔「慰安婦」倖存者（例如：戰後被留在沖繩的裵奉奇、以及戰後選擇逃離家鄉和受害地點來到日本的宋神道）的人。

另外，大阪在日本似乎是獨樹一格的保守右派搖籃，大阪有塚本幼稚園和大阪維新會。塚本幼稚園稍後會在本書登場，大阪維新會的存在則更能凸顯出，像平井老師這樣的人能持續在大阪的公立國中教歷史，是多麼珍貴的事情。

對於台灣讀者來說，「塚本幼稚園」可能有些陌生，但如果說他們就是森友學園經營的幼稚園，可能就有印象了。森友學園是學校法人的名字，原本傘下只有塚本幼稚園。塚本幼稚園有如戰前的軍事化教育風格，致力於復興戰前的《教育敕語》，過去常是外媒拍攝日本右翼洗腦教育向下扎根的最佳寫照。後來森友學園想成立「安倍晉三紀念小學校」，讓塚本幼稚園的學童們還能繼續接受他們理想中的「菁英教育」，但森友學園疑似假借和首相夫人安倍昭惠關係友好的名義，以遠低於市價的價格取得國有地，引發爭議。全案爆發之後，森友學園不只小學開辦不成，財務狀況也出問題，塚本幼稚園於是跟著倒閉。

大阪不只有塚本幼稚園／森友學園，還有積極談論「慰安婦」議題的大阪維新會。大阪維新會的創辦人橋下徹，二〇一三年擔任大阪市長期間就曾主張「任何人都知道『慰安婦』制度是必要的」，引發爭議。以此為契機，大阪維新會開始將「慰安婦」的歷史教育視為「問題」。大阪維新會執政的大阪府在二〇一五年率先推出「慰安婦」補充教材，要求府立學校配合府方論述指導學生。大阪維新會不只將觸手伸向教育，城市外交和媒體也是他們的論述戰場。二〇一八年，大阪市長吉村洋文甚至為了民間團體捐贈「慰安婦像」給美國舊金山市，單方面和舊金山市斷絕長達六十多年的姊妹市關係。二〇一九年愛知三年展展出象徵「慰安婦」倖存者的「和平的少女像」時，當時大阪維新會的代表、同時也是大阪市長的松井一郎跨縣市聲援名古屋市長，聲稱「『慰安婦』問題是假的」，再度引發爭議。像大阪維新會這樣積極參與和「慰安婦」有關的論述，爭奪媒體版面的政黨及旗下政治人物，在日本也實屬罕見。

歷史修正主義再起

雖然森友學園／塚本幼稚園已經倒閉，大阪維新會「暫時」沒有更多舉動，但日本保守右派試圖「恢復」戰前教育體制的勢力並沒有完全式微。

歷史修正主義者將日本學界在戰後對戰爭的反省與檢討貶為「自虐史觀」，認為這樣的歷史敘述「不夠愛國」。但這些歷史修正主義者的「愛國」論述在學界站不住腳，所以只能利用媒體陳述、擴散他們心目中的另類事實，聲稱這段歷史「還有不同的聲音」，進而干擾一般大眾對史實的認知。

以本書中文版出版的二〇二五年為例，自民黨籍參議員西田昌司關於沖繩戰的發言，再度引發歷史修正主義捲土重來的擔憂。西田聲稱，沖繩的姬百合之塔將歷史篡改成「日軍進入後姬百合隊就死了，之後美國來了便解放沖繩」，但紀念碑旁的和平資料館根本沒有這樣的敘述。西田還批評沖繩戰的教育內容，並主張：「我必須做出自己能夠接受的歷史，不然日本就無法獨立。」西田的發言獲得極右派新興政黨參政黨黨魁神谷宗幣力挺，並強調這是參政黨的歷史認識。提出不同於史實的另類見解，著重對日本有利的一面，正是歷史修正主義的本質。

值得關注的是，參政黨在二〇二五年參議院選舉中席次大有斬獲。參政黨號召「尊重《教育敕語》」的政治立場，已經引發文部科學省的擔憂。文部科學大臣阿部俊子選後已經明言，日本明治天皇頒布的《教育敕語》，在戰後制定主權在民的《憲法》後已失去法律效力，不允許以違反《憲法》或《教育基本法》的形式使用《教育敕語》。這段發言就是擔心參政黨取得席次後，會進一步要求教育現場「須尊重《教育敕語》」的主張。

在保守右翼抬頭的情況下，執政者以各種手段施壓教育第一線必須遵循特定立場指導學生，由國家主導、學校及教師也必須揣摩上意的「戰前」軍事化教育，隨時可能捲土重來。

是「慰安婦」？還是戰時性暴力受害者？

回到引號的問題。一般來說，現在習慣將一九九一年韓國「慰安婦」倖存者金學順女士的現身記者會視為「慰安婦」運動的起點，但其實在這場現身記者會之前，社會上並非完全沒有相關討論。

千田夏光出版的《從軍慰安婦》一書是一例，裴奉奇為了守住在沖繩的居留權而曝光「慰安婦」身分也是一例。化名城田玲子（城田すず子）的日籍「慰安婦」倖存者，也早在一九七一年便出版個人回憶錄《瑪麗亞的讚歌》，可以說至少在日文世界裡面並非完全沒有「慰安婦」的存在，只是缺少當事人現身說法而已。金學順女士會成為「第一位」在鏡頭前現身的倖存者，也是因為有人先知道她曾是「慰安婦」，才能循線找到她。

各國陸續有「慰安婦」倖存者接連現身之後，緊接著面臨的問題就是，該如何稱呼這群人？

「慰安」一詞是從日本軍方視角出發，認為這些婦女是來「撫慰」、提振士氣的人，才稱她們是「慰安婦」（comfort women），有美化日軍行為的疑慮。另一方面，「慰安婦」制度就是一種戰時性暴力（wartime sexual violence），所以「慰安婦」倖存者就是戰時性暴力的受害者，英語世界另有「性奴隸」（sex slaves）的說法，或寫作「日本軍事性奴隸」（Military Sexual Slavery by Japan）。但又有誰會想聽到自己被稱為、被當作是奴隸？韓籍和台籍「慰安婦」倖存者們更希望使用「慰安婦」這個說法，因為這就是當初稱呼她們的方式；中國的「慰安婦」倖存者則相當排斥「慰安婦」這三個字，認為這是一種蔑稱，使用「慰安婦」稱呼中國籍受害者，反而會造成二次傷害。

最終取捨結果，目前傾向保留「慰安婦」的說法，因為這是當時實際使用過的歷史用語，也是韓裔「慰安婦」現身後實際使用的說辭，但必須加上引號，註明這具有爭議。從另一個角度來看，韓裔或台籍等前殖民地出身的「慰安婦」倖存者們，即便在戰後能使用自己的語言訴說自身經歷，但提到當年的受害過程時，依舊只能使用殖民者的語言，用日文稱自己是「ianfu」，這是否也是殖民統治下的遺毒？對多數地區來說，「母語中沒有對應的單字」也就代表當地不曾遇過這種狀況，這或許是件值得高興的事情。但對於台灣或朝鮮半島這些前殖民地來說，我們似乎無法用同樣的角度來看待這件事情。

既是受害者、也是加害者的台灣

台灣和朝鮮半島在二戰期間是日本帝國的殖民地，也因此，台籍和韓籍「慰安婦」不同於占領地的受害者，有相當高比例「慰安婦」受害者是被帶到遠離家鄉的前線（這已涉及人口販運的問題），成為殖民主義與戰時性暴力的受害者。台灣和朝鮮半島是日本帝國主義下的受害者，這點無庸置疑，但我們似乎常常忽略，台灣早在太平洋戰爭開打之前就被納入日本帝國版圖，所以我們在這場戰爭中也具有加害者的性質。不論台灣的人、事、物是直接或間接參與這場戰爭，台灣確實曾是日本帝國向外擴張時的共犯。

一九四一年日軍襲擊珍珠港後，日本在同一天向荷屬東印度宣戰。當時帝汶島被一分為二，東半部是葡萄牙殖民地，西半部則是荷蘭的殖民地。隔年（一九四二）日軍正式進攻帝汶島，花了半年的時間拿下整座島嶼。而當時參與這場戰役並駐點在帝汶島的第四十八師團就包括「台灣步兵連隊」。台灣步兵連隊原屬台灣軍，負責管轄台灣。取名「台灣」僅代表在台灣成立，不表示整個連隊都是台灣人，但派駐帝汶島的日軍當中，確實曾有台灣人身影。台灣現代詩社「笠詩社」發起人陳千武（本名陳武雄），就是其中一人。陳千武曾以帝汶島上的台籍日本兵與印尼華裔「慰安婦」為題材，寫成短篇小說〈獵女犯〉。雖然這只是一篇小說，故事情節不代表陳千武的親身經歷，但文中歷歷在目的描述，對照東帝汶「慰安所」的狀況，幾乎可以確信當時台灣人就在其中，台灣人也是日軍戰時性暴力共犯結構的一環。

《上一堂「慰安婦」的課：一位日本中學教師的戰鬥紀實》是平井美津子教學歷程的分享。雖然平井老師的課程內容是以日本的情況為主，但希望大家在閱讀本書的時候，能謹記當時日本帝國所及範圍都可能有台灣人牽涉其中。有了這個想法之後，再跟著平井老師的腳步，和學生們一起思考老師在課堂上拋出的問題（例如：怎麼樣才算達到「真正的和解」？），應該會有更多感受。

在名為「慰安婦」制度的集體暴力下，不只出現台籍受害者，台灣人也必須要負擔部分的加害責任。即便這個加害責任的根源，是來自於日本帝國的殖民統治，面對日軍占領對當地造成的迫害，我們不能視若無睹、全身而退。在戰後八十年的今天，或許我們也該正視台灣在二戰時期所扮演的角色，建構屬於台灣的二戰史。

台灣版序

傳承「慰安婦」歷史的責任

拿起這本書的讀者，我想應該是關注「慰安婦」議題與日本的殖民統治，或是關注學校裡的歷史教育，以及當今性暴力問題的人。

我是一位日本的公立國中老師，從事歷史教育已超過三十年。我選擇當老師的原因之一，就是希望孩子們能夠學習日本近現代的侵略歷史。

如果我們說，時至今日，戰後日本政府仍未反省侵略戰爭及殖民統治，我想也並不為過。在學術領域，近現代的殖民統治和加害研究迭有進展，但有關「慰安婦」問題，長期以來都被視而不見，直到一九九一年韓國金學順的告發，才讓這個問題浮上檯面。日本政府終於開始進行調查，並且在一九九三年由官房長官河野洋平發表「河野談話」。談話中明確提到：「我們在此表明決心，透過歷史研究與歷史教育，將這段歷史長久銘記於心，絕不重蹈覆轍」，因此在一九九七年，所有的國中歷史教科書都載入了「慰安婦」的敘述。然而，在前首相安倍晉三等右派政治人物、日本會議等右翼勢力和右翼媒體的攻擊施壓下，到了二〇一二年，教科書中「慰安婦」的敘述又消失殆盡。

然而，主張「我們要教導『慰安婦』的事」、「教科書必須記載真相」的呼聲，以及阻止選用歷史修正主義教科書的運動日益高漲，二〇一六年學習舍出版的教科書重新加入相關敘述，二〇二五年山川出版社的教科書也記載相關內容，現在有兩家出版社的教科書裡載入了「慰安婦」的敘述。另一方面，還是有兩家出版社以否定「慰安婦」事實的立場撰寫，其中一家是令和書籍。令和書籍的歷史教科書中有一個欄目以「老調重彈的韓國請求權」為題，其中寫道：「慰安婦像廣為流傳至全世界，在舊金山像[1]的說明文字當中提到，有數十萬女性被當成『奴隸』，絕大多數都失去性命。然而，並不存在日軍強擄朝鮮女性的事實，她們是領取報酬工作；也不存在日軍讓她們『跟隨軍隊』，帶著她們在戰場上四處移動的事實。」這明顯背離日本政府的官方見解「河野談話」，與過往「慰安婦」的判決中被採納為證據的證詞和研究也有巨大的落差。然而，日本政府在外務省官方網站上以「我國針對慰安婦問題的作法」為題，刊載了以下的文章：

「在日本政府至今發現的資料當中，並未找到可以直接顯示軍方和政府當局所謂強擄的敘述。」「『性奴隸』這個說法違反事實，因此不應使用。」「『二十萬人』這個數字未有具體證據支持。……目前發現的資料中，並無顯示慰安婦總人數的記載，也沒有足以推斷的資料，因此難以確定慰安婦的總人數。」[2]

也就是說，政府一方面聲稱要繼承「河野談話」，一方面又以外務省的名義向世界傳遞背道而馳的訊息。這次令和書籍能以這樣的敘述通過教科書審核，正是因為它正好符合背離「河野談話」的政府政策。

這樣的情況，可說是掏空了審核標準中的「鄰近各國條款」（針對如何看待與鄰近亞洲各國間的近現代歷史事件，應從國際理解及國際協調的觀點做必要的考慮）的精神。而育鵬社的公民教科書，則提到《朝日新聞》為刊載錯誤的「慰安婦」報導發布道歉聲明，誘導人誤以為是「慰安婦」事實本身有錯。不過，絕大多數的公立學校都未選用以上兩家出版社的教科書。

目前日本的中學教育中，由於「慰安婦」在教科書上的記述極少，這個議題往往被忽略，許多學生並未學到有關「慰安婦」的事。然而，在課堂上教導「慰安婦」的議題並未受到禁止。儘管我曾因為教導「慰安婦」議題，遭受政治人物的施壓，但課程本身並沒有被否定。這大概就可以證明，「慰安婦」的課程本身是正當的。有許多老師也和我一樣，

1 作者註：二〇一七年建於美國舊金山聖瑪麗公園的「少女像」。
2 參見：https://www.mofa.go.jp/mofaj/a_o/rp/page25_001910.html。

意識到「慰安婦」問題在歷史上的意義，在國中和高中積極從事教學。至於我所受到的攻擊，大家可以看書中的詳述。

一直以來，在日本的學校課堂上，比較常提到的是來自朝鮮的「慰安婦」。但是被迫成為「慰安婦」的女性，不只來自朝鮮半島，更有人來自台灣、中國，以及以印尼及菲律賓為首的東南亞、太平洋地區。

雖然被徵集的方式不盡相同，但有些人是在未被告知工作內容的情況下受騙被帶走，有些則是以近似誘拐的方式被帶走。她們無法逃離慰安所，被迫在遭受監禁的狀態下工作。

在台灣，「慰安婦」問題之所以受到關注，源於一九九二年中央大學教授吉見義明等人所做的調查中，發現了南方軍向台灣軍申請派遣「慰安婦」至婆羅洲的文件。在那之後，一共確認了五十九位台灣女性的受害事實，並於一九九九年由盧滿妹等九人向東京地方法院提起道歉及賠償的訴訟。但至二〇〇五年，日本最高法院最終宣判敗訴，甚至未對事實進行認定。隨著最後一位「慰安婦」受害者在二〇二三年五月過世，台灣已經沒有官方確認的受害人在世。

實際情況是，有許多被迫成為日軍「慰安婦」的人保持沉默，並未主動以實名公開身分。正因如此，為了保存受害者的證言和紀錄，不讓她們的身影被抹去，我們必須將這段歷史傳承下去。即便「慰安婦」們一一離世，她們的存在也不會因死亡而消逝。作為歷史的傳承者，我想繼續要求日本政府出面道歉，並對受害女性及其家屬進行賠償。作為教師，我想我有責任，在教學中提到各個地區的「慰安婦」，將她們的事教給下個世代。

以這本書的出版為契機，我也想造訪台灣，學習台灣「慰安婦」的事。

前言

歷史課不可能避而不談戰爭。學生曾經問我：「老師，妳喜歡戰爭嗎？」我問他：「為什麼這樣問？」學生說：「因為老師每次只要提到戰爭就很激動。」我回答：「怎麼可能喜歡。但如果我一提到戰爭就很激動，那是因為我想好好跟大家說，讓大家理解戰爭的真實情況。」

所謂學習戰爭，並不是要像戰前一樣學習「殉國佳話」。戰前，本國史及修身課堂會教導學生，國民是如何英勇奮戰，付出自己的性命為國家效力。

然而，現在之所以要學習戰爭，是為了好好看清戰爭中的各個面向，包括引發戰爭的過程、加害、受害、抵抗與反戰，以及助長戰爭等，理解戰爭的真實情況，進而形成防止戰爭再次發生的力量。現在我們所需要的，不只是主張「不要有戰爭」，更是從史實來理解戰爭發生時會出現怎樣的狀況。孩子們理解戰爭的契機，已逐漸不再來自祖父母等自己的家人，而是來自學校和媒體。每年暑假前，我都會將聚焦戰爭的電視節目表印出來發給學生，同時叮嚀：「大家至少看看其中一個節目喔。」[1]

二〇一七年夏天，我收看了NHK播放的ETV特輯「告白：滿蒙開拓團的女性們」（八月五日播放），受到很大的震撼。該節目深度挖掘黑川開拓團一共六百五十人，從岐阜縣移居舊滿洲（中國東北部），戰後差點被迫集體自盡卻存活下來的歷史。開拓團以交出十五位未婚女性作為交換條件，讓蘇聯士兵擔任開拓團的護衛。戰後經過了七十年，當時的女性才將封印的事實公諸於世。不知道戰爭結束後的七十多年，對這些女性來說是怎樣的一段歲月。這些女性很長時間不得不引以為恥，將這些事深藏在心裡活下去。

就像這些滿蒙開拓團的女性以及「慰安婦」的例子，性暴力總會伴隨戰爭出現。這些事並非戰爭中的個別經歷，而是戰爭的本質。我總覺得，戰爭作為歷史離我們越來越遠，但作為現實卻離我們越來越近。正因如此，我希望可以教導學生戰爭的本質，而戰爭的本質正是「慰安婦」問題。我已經堅持教導「慰安婦」問題二十年，今後也會持續堅持下去。這本書的內容，是我所教授的「慰安婦」問題的課堂紀錄，也是我跟學生們一路上相互學習至今的生活史。

1 譯註：暑假期間正好是日本的終戰紀念日，有很多戰爭相關的節目會集中在這段時間播出。

第一章

教「慰安婦」議題很危險？

「這位是不屈服於右翼的攻擊，持續教導學生『慰安婦』問題的平井女士。」

每當我演講的時候，經常有人這樣介紹我。邀請我去演講的主辦單位對我有一定程度的了解，但對於不認識我的人來說，我的形象馬上就變成「戰鬥的人」。接著聽眾們提出「右翼的攻擊指的是什麼？」「『慰安婦』問題會受到攻擊嗎？」等種種疑問。

這時我會半開玩笑的說：「看來我應該在名片上標註『戰鬥教師』呢。」然而，我心裡想的其實是：「戰鬥？這是在說我嗎？」

我在跟什麼戰鬥？為何我如此堅持關注「慰安婦」？為何我會被貼上「反日教師」的標籤？

任教超過三十年，我究竟教了怎樣的課？在撰寫這本書的過程中，我試著回顧了自己教授的課堂。

「修辭」

「針對這些修辭，我對文學領域並沒有太多研究，並不太了解，因此難以回答這樣的問題。」

這是我在人生中感到最震撼的一段話。

不知道有多少人聽到這段話時，能夠知道它的出處呢？和我同年代的人中，有很多人的名字叫作「浩」或者「浩子」。這是因為一九五九年時，現在的明仁天皇[1]與正田美智子結婚，引發了「美智熱潮」[2]，浩宮隨後於隔年誕生。皇室的存在變得更貼近一般民眾。我記得我家裡也有美智子的育兒書，想必有不少人對於美智子和孩子們的形象抱有親切感。對於昭和天皇，我也曾經抱持一個「向人們微笑招手的和藹老爺爺」的印象，但在一九七五年，這樣的印象在我心中崩解了。在那之前，國中的修學旅行常去東京地區，隨著山陽新幹線的通車，我就讀的國中將修學旅行的目的地改為廣島。在初次造訪的廣島，我看見被爆者像怪物般皮膚垂掛的蠟像，以及許多令人不忍直視的照片。不只展品本身很可怕，原子彈會讓人類變成恐怖而悲慘的存在，這件事也讓我感到毛骨悚然。

如果沒有投下原子彈，戰爭就不會結束嗎？是誰有辦法讓戰爭結束？在思考這些事的過程中，我找到了近衛上奏文。一九四五年二月十四日，近衛文麿上奏文章給昭和天皇，

1 譯註：本書日文版於二〇一七年出版時，明仁天皇尚未退位。明仁天皇於二〇一九年四月三十日退位，讓位給皇太子德仁，並改年號為「令和」。

2 譯註：ミッチーブーム，Mitchi源於美智的發音，是美智子的暱稱。

內容鼓勵其下定決心「結束戰爭」。可是天皇卻說：「如果不能再取得一次戰果，談話會很難進行。」並否決了該提案。這件事讓我相當震撼。是天皇推遲了「結束戰爭」的決定，才帶來後續大城市的空襲、沖繩戰，以及原子彈的投放。

而更讓我震撼的，是昭和天皇在一九七五年十月三十一日舉行的記者會。記者會的形式為昭和天皇直接回答國內外記者的提問，電視也大幅報導了這件事。

「我想請問陛下，對於所謂的戰爭責任是怎麼想的？」針對這個問題，昭和天皇表示：「針對這些修辭，我對文學領域並沒有太多研究，並不太了解，因此難以回答這樣的問題。」另外有人提問：「想請問陛下，有關戰爭結束時投放原子彈的事實，陛下是怎麼理解的呢？」而他回答：「對於原子彈投放，我感到非常惋惜，但因為是在戰爭期間發生的事，雖然對廣島市民很過意不去，但我認為這是不得已的事。」

我至今仍然清楚記得，當時聽到這兩個答案後，我感受到一股難以言喻的空虛感，或說荒謬感。身為握有戰爭的最終指揮權限的大元帥，並且身為一個人，我覺得他實在太不誠懇了。

然而，當時的我沒能進一步思考到這是對於誰的不誠懇，用小孩的話來說，只是覺得他「好狡猾」。

為何學校要降半旗？

一九八九年一月七日，昭和天皇過世。前一年的九月，有報導提到天皇的身體有恙，整個日本社會都進入一種自我約束的氣氛。棒球優勝隊伍決定不灑啤酒慶祝，日產自動車的廣告中，因為井上陽水問候「大家好嗎？」的聲音有失禮之嫌而遭到抽換，綜藝節目等也都消失不見。「天皇駕崩記者會」後的兩天內，所有電視節目都拿掉了廣告。歌唱節目、戲劇、問答節目也全都消聲匿跡。每一則有關天皇逝世的報導，都以其身為生物學家的一面，或他是一位活過動盪年代的天皇、是一位冀求和平、與國民同行的天皇等形象來呈現他的樣貌。想到握有統帥權的天皇在亞洲太平洋戰爭中所扮演的角色，這些報導讓我有種不舒服感，就好像皮膚被粗糙的東西摩擦到一樣。

葬禮訂於二月二十四日舉行。葬禮當天成為國定假日，文部省針對全國公私立的教育單位、各都道府縣的教育委員會、各都道府縣的知事（首長）發布通知，題為「有關昭和天皇葬禮當天弔念之意的表達」。內容包括：一、掛弔念旗並避免舉辦含有歌舞音樂的活動；二、在葬禮當天正中午配合獻上默哀。

當天學生不用上學。但我們所有的教職員，不只是工會成員，都一起討論學校強迫孩子們表達弔念之意以及降半旗的問題，並以教職員全體的意志，要求校長不要在學校降半旗。

因為天皇逝世，學校這樣的公立教育單位被單方面強迫表達弔念之意。我感受到，憲法規定天皇的存在應該作為象徵，它卻以戰前的形式向我們襲來。天皇的年號入法後，公布第一個年號為「平成」。日本年號制定時，包含了天皇連時間都能統御之意。明明這樣的時代早該告終，卻仍然制定新年號，強迫對過世的天皇和新的天皇表達弔念及祝賀之意。憲法的制定來自對那一場戰爭的反省，因此加入了多達三十條關於人權的條文。第十九條規定「不得侵害思想及良心的自由」，第二十條則寫道：「二、任何人都不應該被強迫參加宗教行為、祭典、儀式或活動。三、國家及其機關不得進行宗教教育及其他任何宗教性活動。」

然而現實是，政府仍然可以輕易強迫大家從事違反憲法及《教育基本法》的行為。國民被強迫參與國家神道，絕不只是過去的事。當時正在教國二學生歷史的我，再次深刻感受到了，教導學生亞洲太平洋戰爭以及憲法制定過程等課程之必要。我總算逐漸看清楚，身為社會科老師，應該教孩子們什麼、讓他們思考哪些事。

金學順女士的證詞

電視有很大的力量。以往大家只透過文字來理解的事件和人物，能以明確的樣貌出現在大家面前。直到一九九一年八月十四日為止，「慰安婦」都不曾現身表明身分。第一位露面並公開姓名、講述證詞的是金學順女士（當時六十七歲），她在同一年的十二月六日，與前軍人、軍屬一起，向東京地院提起告訴，要求日本政府道歉並賠償。她的名字於是成了「慰安婦」的代名詞。雖然這樣表達有點失禮，但第一次看到她在電視上現身時，我還以為看見了幽靈，受到很大的衝擊。我曾自認為讀過千田夏光及川田文子撰寫的紀實報導，就了解這件事，而感到相當羞愧。金女士穿著白色韓服，態度堅定但時而流著淚述說那段經歷。「我的心很痛，但我還是要說出來，讓這件事留在歷史當中，告訴年輕人事情的真相。」這成為我在心中反覆咀嚼的一段話。

時間回溯到金女士講述證詞的前一年，一九九〇年六月參議院的預算委員會上，本岡昭次議員（當時屬社會黨）要求日本政府對「慰安婦」的實際情況進行調查，時任政府委員的清水傳雄回答：「有關所謂從軍慰安婦，綜合聽取前人所述，民間業者帶著這些人跟軍方一起行動，針對這樣的實情，坦白說我認為無法由我們調查後得出結果。」（第一一八次國會，參議院預算委員會第十九號，平成二年〔一九九〇年〕六月六日）金女士正是因為這段答辯，決定現身表明自己曾是「慰安婦」。

一九九二年一月八日，韓國挺身隊問題對策協議會開始在韓國的日本大使館前舉行「星期三示威」。一月十七日，首相宮澤喜一訪韓時，就「慰安婦」問題正式向盧泰愚總統致歉。同年七月六日，官房長官加藤紘一發表談話，承認政府參與其中（見本書附錄）。當時在自民黨中，仍有不少勢力願意秉持良心回應戰爭與戰爭責任的問題。

以金女士等人的控訴為契機，日本政府開始展開調查，由官方正式承認「慰安婦」的強擄和管理中有日軍的「強迫」涉入其中，並於一九九三年八月四日發表了河野談話（見本書附錄）。

這次談話承認「慰安婦的徵集」、「慰安婦的運送」、「慰安所的設置、管理」都有日軍涉入，認定這是「深刻傷害許多女性的名譽與尊嚴」的問題，應該「正視歷史的教訓」，「我們在此表明決心，透過歷史研究與歷史教育，將這段歷史長久銘記於心，絕不重蹈覆轍。」一九九七年起使用的所有國中歷史教科書都出現「慰安婦」的敘述，就是上述「透過歷史研究與歷史教育，將這段歷史長久銘記於心」的體現。然而，這卻引起了往後對於教科書以及教學現場課堂實作的嚴重攻擊。

遭到攻擊的教科書出版社

「我們學校附近的教科書出版社被好多右翼的宣傳車包圍！好可怕。連路人都很擔心到底發生什麼事！第一次遇到這種事！」

當時，大阪深江橋的教科書出版社「大阪書籍」被多台右翼的宣傳車包圍，我的同伴在附近的國中任教，跟我說了這件事。右翼的宣傳車群起圍攻教科書出版社，是過去聞所未聞的事。這不只發生在大阪，而是發生在出版中學社會科歷史教科書的所有七家教科書出版社。

整件事的開端是在一九九六年六月二十七日，文部省公布一九九七年度中學教科書的審核結果，二十七日當天傍晚的新聞和廣播，以及隔天二十八日的所有報紙，都報導國中歷史教科書出現了「慰安婦」敘述。

讀到這裡可能很多人會想，究竟教科書記載了多少相關內容？我來介紹當時我教導的孩子們使用的教科書。在「第二次世界大戰與日本的投降」的「戰爭與民眾」單元，正文當中提到「將朝鮮等地的年輕女性以慰安婦的身分強行帶上戰場」（大阪書籍《國中社會歷史領域》。平成八年〔一九九六年〕二月二十九日文部省審核通過）。「深入發掘歷史：殘留至今的戰爭傷痕」專欄中，針對戰後補償問題的敘述為「從軍慰安婦與強行擄

戦争の被害と民衆

★戦争は国民に何をもたらし，アジアにどんな被害をあたえただろう。

戦争と民衆　1942年6月のミッドウェー海戦から，太平洋での連合国軍の反撃が開始されました。日本軍はつぎつぎと敗れ，日本の占領下での住民の抵抗運動もはげしくなっていき，資源の輸入がとだえ，生産もゆきづまりました。政府は，兵力や労働力を補うため，大学生も兵士として動員し，中学生や女学生を軍事工場で働かせました。そのうえ，朝鮮からは約70万人，中国からも約4万人を強制的に日本へ連行して鉱山などで働かせました。また，朝鮮などの若い女性たちを慰安婦として戦場に連行しています。さらに，台湾・朝鮮にも徴兵令をしきました。そして，国民の生活や言論の統制をいっそうきびしくしました。しかし，国民の間に戦争への批判や政府への不満がひそかに高まっていきました。

◆児童の集団疎開

260

疎開先からの手紙

お父様はじめ，皆々様お変わりございませんか。今度どんぐりの供出があり，1人3合を集めなければなりません。まだ，わたしは4つぶしかとってありません。東京にいた時はあまり好かなかったスイトン・みょうがかとても好きになりました。

みんなのところへ面会のお便りが来ます。わたしもそれが楽しみ。

(『のびのび』18号より)

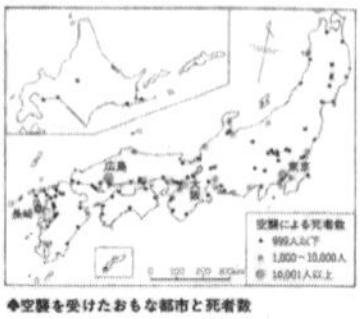

◆空襲を受けたおもな都市と死者数

戦後補償問題

太平洋戦争終結から50年が過ぎてもなお，日本はアジアを中心に世界各地から，戦争責任を問われています。

従軍慰安婦や強制連行，日本軍に動員された台湾の人々，国籍による戦後補償の差別などが大きな問題となっています。

◆**戦時中，日本軍に動員された台湾の青年**
台湾では，日本の敗戦までに約20万人が戦場に送られ，うち3万人が戦死したといわれます。

◆**日本政府に戦後補償を求めて，デモ行進する韓国の元従軍慰安婦の人々**(1994年，東京)

教科書記載有關「慰安婦」問題的敘述（截取部分，底線由原編輯部所加。取自大阪書籍《國中社會 歷史領域》。一九九六年二月二十九日文部省審核通過）。

走、受到日軍動員的台灣人、戰後補償因國籍而有差別待遇等，都成為很大的問題」，刊載的照片小標則為「向日本政府要求戰後補償，發起抗議遊行的韓國前從軍慰安婦們（一九九四年，東京）。」

其他教科書也同樣只有兩行左右的敘述。我們幾乎無法靠這些內容理解「慰安婦」們是如何被召集、在怎樣的地方被迫做了什麼事、受到怎樣的傷害，而她們的訴求又是什麼。但在教科書中記載這些內容的意義相當重大，因為這代表教師需要教導這些內容。

然而，或許對於想要否定這段歷史的歷史修正主義者來說，光是這種程度的敘述就已難以容忍。從這時起，對於教科書固執且大規模的攻擊開始出現。媒體界有《產經新聞》、《正論》、《諸君！》、《文藝春秋》、《SAPIO》、《週刊新潮》、《週刊文春》等報刊，自民黨有「『光明日本』國會議員聯盟」（會長為奧野誠亮，事務局長為安倍晉三），知識分子則有藤岡信勝（當時為東京大學教授）展開論述。受到上述行動影響，右翼團體開始進行街頭宣傳，甚至對教科書出版社和作者發送威脅信。

藤岡信勝先生在《產經新聞》（一九九六年六月二十八日）上寫道：「令人難以置信的黑暗史觀、自虐史觀、反日史觀的大集合」，之後這些說法經常被用來對記載侵略事實的著作、研究者和教育從業人員貼標籤。至今仍有人使用這些標籤，甚至已經滲透到許多人心中，這點實在令人憂心。

■朝鮮人と中国人・台湾人の強制連行　戦時下の日本では労働力の不足をおぎなうために，1941(昭和16)年ごろから，約80万人にもおよぶ朝鮮人を強制的に日本に連行し，炭坑・鉱山などで働かせた。また，中国人も4万人ちかく強制連行した。朝鮮人や中国人は，過酷な労働を強いられた。1945年，秋田県花岡鉱山で，はげしい虐待にたえかねた中国人が蜂起し，鎮圧された事件がおきた。また，朝鮮や台湾などの女性のなかには戦地の慰安施設で働かされた者もあった。さらに，日本の兵力不足にさいし，朝鮮や台湾の人びとに対しても徴兵制をしき，戦場に動員した。戦後，戦犯となって処刑された人たちもいる。

戦争の長期化と中国・朝鮮　しかし，最も多くの犠牲を出したのは中国であった。戦闘や**強制連行**などによって多くの人的被害を出したほか，多くの経済的被害を出した。

また，国内の労働力不足を補うため，多数の朝鮮人や中国人が，強制的に日本に連れてこられ，工場などで過酷な労働に従事させられた。*1 従軍慰安婦として強制的に戦場に送りだされた若い女性も多数いた。

*1 1945年には，在日朝鮮人の人数は，それまでに移住してきた人々(→p.221)と合わせて，朝鮮総人口の1割に当たる二百数十万人に達した。

も徴兵し，多くの学生が学業の半ばで戦場に向かった。

労働力不足を補うため，強制的に日本に連行された約70万人の朝鮮人や，約4万人の中国人は，炭鉱などで重労働に従事させられた。(→p.262) さらに，徴兵制のもとで，台湾や朝鮮の多くの男性が兵士として戦場に送られた。また，多くの朝鮮人女性なども，従軍慰安婦として戦地に送り出された。

さらに，日本の植民地であった朝鮮や台湾の人々からも多くの犠牲者がでました。戦争で日本国内での労働力が不足してきたので，朝鮮から多くの人々を強制的に日本へ連行しました。この人たちは，鉱山・軍需工場・土建業などで，危険でつらい労働に従事させられました。

これらの地域の出身者のなかには，従軍慰安婦だった人々，広島や長崎にいて原爆で被爆した人々，戦前日本領だった南樺太に終戦で残留させられた人々などがいます。日本のこれらの地域にたいする国家としての賠償は終わっていますが，現在，個人にたいしての謝罪と補償が求められています。

▲朝鮮人の強制連行　土木工事や鉱山などで重労働をしいられた。

や危険な機械操作にとり組まされた。

植民地の台湾や朝鮮でも，徴兵が実施された。慰安婦として戦場の軍に随行させられた女性もいた。国内の労働力が不足していたため，朝鮮から約70万，中国から約4万の人々が強制連行され，炭鉱などでの労働をしいられた。①

戦局が悪くなると，これまで徴兵を免除されていた大学生も軍隊に召集されるようになった。さらに，朝鮮から70万人，中国からは4万人もの人々を強制的に連れてきて，工場や鉱山・土木工事などにきびしい条件のもとで働かせた。朝鮮・台湾にも徴兵制をしき，多くの朝鮮人・中国人が軍隊に入れられた。また，女性を慰安婦として従軍させ，ひどいあつかいをした。

一九九六年二月二十九日文部省審核通過的國中社會科歷史教科書中，有關「慰安婦」的敘述（截取部分，底線由原編輯部所加）。由上而下、由右而左依序為清水書院、教育出版、日本文教出版、東京書籍、帝國書院、日本書籍。

藤岡等人一直主張「慰安婦是買賣行為、是妓女。強擄不是事實，其證詞也並不可信。」藤岡等人於一九九六年十月成立「自由主義史觀研究會」，提出「緊急呼籲，要求國中教科書刪除『從軍慰安婦』的敘述」，並於十二月成立「新歷史教科書編纂會」，宣布要自行發行國中歷史、公民教科書。

受此影響，一九九七年二月二十七日，就在國中生即將拿到記載「慰安婦」敘述的教科書前夕，名為「思考日本前途和歷史教育的年輕議員會」的團體成立，成員以自民黨內連任不到五屆的年輕議員為主。現任首相安倍晉三（譯註：此為原書撰寫時）也是該協會的成員。

從這時起，一種認為「教導『慰安婦』議題很危險」的氛圍在教學現場逐漸蔓延。

第二章

教導「慰安婦」議題的第一堂課

在「戰後五十年」的氛圍下

教書教了三十年，累積的課堂講義以及發給學生的資料數量相當龐大。以往我並沒有好好整理這些資料，只能從留下來的東西當中往回找。我手上有一份一九九五年十二月三日在歷史教育者協議會近畿地區集會報告時的資料，是我在當時任教的學校教導亞洲太平洋戰爭的課堂紀錄。

報告當中，我寫下了當時關心的議題：「美國在戰勝五十週年紀念郵票上使用原爆圖樣的決定及撤回該決定；美國史密森尼博物館原爆展停辦；中國、法國核試驗及反核的國際輿論；日本政府『戰後五十年決議』（村山談話，見本書附錄）；沖繩美軍強暴少女事件；錯誤理解歷史的內閣官員相繼發言；沖繩及日本政府有關《日美地位協定》、日美安保的行動。我認為我們必須在實際的課堂中，將這些問題帶入十五年戰爭、戰後史的學習內容當中，同時以此為起點，對十五年戰爭、戰後五十年進行考察。」[1]

一九九五年五月三日，村山富市首相造訪北京的盧溝橋，表明對過去歷史的「深刻反省」，江澤民主席則強調「日本國內有部分人士對戰爭有錯誤看法，不可原諒」。我使用了記載這件事的新聞報導作為課堂的引言。這裡說的「有部分人士對戰爭有錯誤看法」，指的是什麼呢？一九九四年五月四日至五月五日，《每日新聞》、《山陽新聞》和《北海道新聞》報導了當時的法務大臣永野茂門的發言。如果只引述標題部分，其中包括「戰爭的目的是正當的」、「南京事件是捏造的」、「慰安婦不能算是對女性的侮辱」等等。永野因為這些發言，僅在任十一天後就辭職（實際上是被換下台）。政治家一個接著一個不斷發表踐踏歷史的言論，現在聽到這樣的發言幾乎是見怪不怪。即便想對這些人究責，往往也只會換來「不構成問題」的回應後不了了之，久而久之積累成一種「每次都是這樣」的無力感。但若對這些言論置之不理，實際上就是在縱容歷史修正主義者攻擊教育。

村山富市在一九九四年六月以自社先聯合政府（自由民主黨、日本社會黨（一九九六年一月十九日後改組為社會民主黨）、先驅新黨）名義出任首相，一九九五年八月十五日以內閣決議為依據，發表「戰後五十週年終戰紀念日之際」（即所謂村山談話）。雖然內容避免使用「侵略戰爭」一詞，但仍然是一個重要的談話，在戰後五十年的時刻，對海內外表明對日本戰爭的反省，並因此一定程度上取信了亞洲各國。可以說，雖然這場談話是在聯合政府的框架下艱難進行的，但對於想要否定侵略的右派仍起到制約的作用。[2]大阪

1 作者註：列印資料中我將「亞洲太平洋戰爭」稱為「十五年戰爭」。

2 譯註：指村山是由日本社會黨、自由民主黨、先驅新黨三黨組成的聯合政府出任首相，因此難以發表大幅違背其他政黨的內容。

府吹田市也在談話之前，公布了全國第一個「和平決議」（正式標題為「戰後五十週年之際守護憲法和平原則並發誓終結核武及忠於和平之決議」）。

當時，我的課程規劃大多是以「想教導並讓大家知道戰爭」的理念先行。針對教科書十小時左右的內容，我花了十八小時來上。現在回想起來，實際上這樣的教法可能會造成孩子們消化不良，值得深刻反省。

那時的教學方式並非正面討論「慰安婦」問題，而是將其視為日本殖民統治下的朝鮮半島民眾受害的一個面向，並在最後提及戰爭責任與戰後補償。那時的我堅持，學生不只應該學習戰爭的實際狀況，更應該探問戰爭的責任，以及是否做到對受害者的補償。而之所以如此堅持，是源於我對那些扭曲歷史真相的勢力的憤怒。

只要軍隊存在，性暴力就不會消失

一九九五年不僅僅是「戰後五十年」，也是讓人理解到，日本還有地方的「戰後」仍未到來的一年。九月四日，三位駐紮沖繩縣的美軍士兵，誘拐了十二歲的小學女生，並進行集體強暴。雖然日本本土迎來了戰後，在持續由美軍統治的沖繩，美軍士兵對女性的性暴力從未間斷。一九五五年，當時六歲的由美子小妹妹被美軍強暴後殺害。由美子小妹妹被發現時，她用小小的手緊抓著草皮並咬緊嘴唇，模樣令人心痛不已。我不禁想著，這位年僅六歲的少女隻身承受了沖繩人的所有悲劇。儘管如此，時隔四十年，同樣的悲劇又再次發生。

一九九五年十月二十一日，沖繩縣宜野灣市海濱公園聚集了八萬五千人，舉行「舉發美國軍人犯下的強暴少女事件，要求重新審視《日美地位協定》的沖繩縣民全體起義大會」。我無法忘記當時普天間高中的學生在發表聲明時所說的話：

已經受夠了直昇機的聲音。

我只是普通的高三生。

我沒辦法說什麼了不起的話，但我要如實告訴大家我的想法，請大家聽我說。

剛開始知道這件事的時候，我心裡一直在想「這是怎麼回事」、「實在無法理解」、「怎麼能發生這種事」，心裡充滿了不甘心。

這件事被大幅報導後，（一九九五年）九月二十六日在普天間小學、十月五日則在普天間高中舉行了抗議集會。

高中生也相當關心這件事，有不少學生參與大會，或持續關注大會的狀況。

在這樣的狀況下，我在跟朋友們談起這件事的過程中，心裡產生一個疑問。

對美國士兵感到憤怒是理所當然的，但我們真的應該犧牲受害少女的心情來抗議嗎？她的隱私又該怎麼辦？

這個想法直到現在也沒有改變。

然而，現在因為少女及其家人勇敢的決定，這件事被公諸於世，成為歷史的巨大漩渦，這是不爭的事實。

我們不能讓她的苦痛、她的心意化為烏有。如果我站在這裡說出我的想法，可以造成哪怕一點點改變，也許她的心也會輕鬆一點。我是這樣想的，因此我現在站在這裡。

回首過去美軍士兵在沖繩的犯罪，我們會發現，其中重大犯罪多得令人驚訝。

戰後五十年，美國士兵的犯罪現在仍持續發生。

這樣下去真的可以嗎？

我沒辦法理解，為什麼這些事件時至今日一直被日本本土忽視。

不只如此，加害的美軍士兵也沒有受到與其犯罪相當的懲罰，這實在讓人很氣憤。有些嫌犯本來應該被美軍拘留，卻逃亡回到美國。因為這樣，我認為沖繩人反對《日美地位協定》是理所當然的。

我認為，之所以會創造出這次事件的嫌犯，住在沖繩的「圍欄裡的人們」、軍事基地裡的所有人都有責任。基地來到沖繩之後，犯罪就不斷發生，請盡快讓我們擺脫因為基地的存在而受到的折磨。

今天的沖繩不屬於其他人，而是屬於沖繩人自己。

我上過的普天間國中，運動場旁邊就是美軍基地。普天間第二小學圍欄的另一側就是美軍基地。普天間基地周圍有七所小學和四所國中、三所高中、一所特教學校、兩所大學。每次看到新聞報導轟炸機墜落的事故，我都覺得膽戰心驚。從我家就可以看到美軍的直升機降落在跑道上。

那看起來就像，它直直衝進我們的市區。

軍機會低空飛行，距離之近甚至可以看到刻在上面的文字，同時還會發出噪音。我們不知道飛機什麼時候會掉下來，我們就在這樣的地方上學。

一直以來，我都覺得美軍基地的存在是迫不得已的。

但是現在，我們年輕世代正在重新思考它的意義。學校裡有個讓人意想不到的人，針對這件事情說出了他的看法，讓大家都很驚訝。我認為，這代表雖然大家以前沒有說出來，但內心深處都對基地抱持著不滿。

今天，普天間高中學生會印了免費的公車乘車券發給所有學生，以「一起去、一起思考」為口號鼓勵學生參與大會，聽說浦添高中的學生會也採取一樣的做法。

現在有很多高中生、大學生聚集在這裡。年輕世代也開始認真思考這個問題。

因為發生了如此沉痛的事件，現在沖繩正向全國提出控訴。我認為我們絕對不能放棄。我們如果在此放棄，就會產生下一個令人心痛的事件。

我受夠了繼續害怕美軍、害怕事故、繼續暴露在危險之下的生活。

我也不想讓未來的孩子們過這種生活。請不要再強迫我們——強迫小孩、女性為此犧牲。

我討厭戰爭。

我受夠了殺人的工具就在自己身邊。

我認為重要的是，我們每一個即將承接下個世代的高中生、大學生和年輕人，應該將我們討厭的事說出來，並付諸行動。

希望可以由年輕世代來讓沖繩重新開始。

希望沖繩可以在真正的意義上成為和平之島。

為此我也想一步一步展開行動。

請把平靜的沖繩還給我們。

請把沒有軍隊、沒有悲劇的和平之島還給我們。

聽聞這個事件的消息後，長期受性暴力所苦的沖繩女性們，與「慰安婦」的身影在我心中交疊在一起。曾經，沖繩的裴奉奇女士，比金學順女士更早說出自己淪為「慰安婦」的經歷。[3]我深刻意識到，探討「慰安婦」問題，是思考軍隊與對女性的性暴力不可或缺的一環。我想我一定要告訴孩子們這些事……。

「如果右翼來了怎麼辦？」

一九九六年通過文部省審核的課本，在隔年配發給入學的國中一年級生使用。當時三年級的學生還沒拿到包含「慰安婦」敘述的課本。我心想：「我要用新的教科書給孩子們上課」。這樣的想法越來越堅定。

就在這時候，讀賣電視台（大阪）的製作人打電話來：「我們想拍一部關於日本教導『慰安婦』課程的紀錄片，希望妳可以協助我們。」我問他們：「為什麼找我？」對方則表示他們詢問了歷史教育者協議會，而對方介紹了我的名字。這個節目叫「ＮＮＮ檔

3 譯註：裴奉奇為朝鮮籍「慰安婦」，她在一九七五年說出自己曾為慰安婦的經歷，是基於沖繩回歸日本後，為了居留身分必須說明自己來到日本的原因，與一九九〇年以後的慰安婦是為了控訴日本政府的戰爭責任或要求賠償的脈絡並不相同。

案」，是日本電視台體系持續製作多年的紀錄片。在為數極少的紀錄片節目中，製作品質相當高，每次都能引發輿論話題。製作人說：「每年七月到八月間，我們都會以製作戰爭相關的節目為主，今年教科書裡記載了『慰安婦』的內容，因此，我們想要採訪在日本以及東南亞等地如何處理日本的加害問題，並製作成節目。」我認為，這是教導教科書所寫的「慰安婦」內容的好機會，但要讓學校的學生接受媒體採訪，不能不跟管理階層討論，我於是前去拜託校長。

副校長說：「平井老師，妳也知道寫有『慰安婦』內容的教科書出版社被右翼針對吧？」對方的答覆如我所料。

「一件事被寫在教科書裡，代表它在學理上是真實的，也是應該教給孩子們的內容。只因為教科書記載相關內容，就到街上宣傳的右翼才有問題吧？」我說。

副校長於是沉默。

「我如果教學生『慰安婦』的事，會有什麼問題嗎？」

「如果右翼來我們學校怎麼辦？他們一大群人攻佔了教科書出版社耶。我認為不要教也不要接受採訪比較好。我們又不知道受訪內容會被做成怎樣的節目，不要冒險做會被攻擊的事比較好。」

副校長的這番言論，成為之後每次我的課堂被攻擊時，學校的管理階層用來質疑我的論調。本來校方管理層的職責，就是保障學校和教師對於教學課程的編纂權、保護校園不受外部力量不當介入教學現場。但他們卻不這麼做，而是以不要造成混亂為名，要求教師自我審查，讓教學現場的老師打退堂鼓。我也不甘示弱地回嘴：

「右翼來的話，就由本應保護學校的管理層老師負責保護學校吧。」

「這是平井老師秉持自己的信念教的課吧。我認為讓更多人看到比較好。如果右翼來的話，到時候再說吧，副校長。」校長這麼說。

我覺得校長從來沒有一刻這麼像神。我想起這位校長平時常說：「教學課程的編纂權應該屬於擁有專業的教師。」不知道近年來這麼有擔當的校長都去哪了？

採訪的事被排入教職員會議的議程，並且在取得全校同意後開始進行。

節目加上廣告一共三十分鐘，我本來以為只要拍攝幾堂課就會結束，卻完全不是那麼回事。從五月到七月初這三個月左右的期間，採訪團隊幾乎天天都來，甚至還一起參加前往長崎的修學旅行。當學年的狀況不太穩定，經常有人翹課或妨礙上課，但孩子們知道採訪團隊要來，紛紛表示要認真一點：「讓他們拍我們認真唸書的樣子」、「不要在課堂上睡覺」。

團隊從頭到尾跟拍亞洲太平洋戰爭的課堂，我問團隊成員：「接下來你們會怎麼進行呢？母片的數量很大吧？」他們則說：「我們會全部看過，之後才製作節目。」「NNN

檔案九七」以「原諒，但不遺忘」為題，在八月十七日播出。節目使用「慰安婦」的證詞，描繪韓國、菲律賓的學校，以及日本的學校中有關加害的課程內容。我針對戰後補償詢問孩子們意見的場景成為最後的畫面。節目大幅度呈現了當時國中三年級的學生們認真思考的模樣。

即使歷史修正主義者針對「慰安婦」問題的攻勢越來越猛烈，節目秉持報導的良心，正面探問在教育現場教導「慰安婦」問題的意義，做得相當不錯。二〇〇〇年代以後，電視台自我審查而不探討「慰安婦」問題，而政治人物也開始干涉ＮＨＫ的節目內容。正面探討「慰安婦」的節目越來越少。先前擔心的來自右派的攻擊並沒有發生。然而，這也只不過是還未發生而已。

課程造成親子爭吵！？

「來來來，平井老師熱血開講！」

上課前有些學生總愛開玩笑。據說，我總是以充滿熱情的演講形式授課。雖然我自己沒有意識到這一點，但孩子們的聲音是最誠實的。

我帶著剛剛通過審查的歷史教科書來到國三的教室。孩子們所使用的教科書，是記載

「慰安婦」之前的版本。我打開新的教科書說：「這本教科書中，有一些以前大家的教科書上沒有的敘述」，以這句話作為課堂的開頭。根據孩子們的說法：「老師看起來非常開心，說的時候充滿熱情。」

這對於一位教師來說是應該反省的事。教師在課堂上像在宣講一樣滔滔不絕地講述自己的想法，這對孩子們的學習並沒有幫助。雖然也有一些學生期待這樣的課程，但當下我仍然感覺到有必要改進我的課程。

事實上，大學時代的朋友看了NNN檔案後，給了我相當嚴厲的評語：「雖然能感受到妳的熱情，但還是很像在宣講耶。」我深切的反省，其實我知道問題所在。我雖然意圖讓孩子們思考，但還是單方面講述了自己想講的話，將他們導向已經準備好的結論。

在此回顧一下當時的課堂。我把金學順女士公開「慰安婦」經歷時的新聞片段和報紙上的報導當成教材，以此為起點設計了課程架構，內容包含「慰安婦」是什麼樣的人、為什麼被帶過來、遭遇怎樣的處境，以及她們的訴求為何等等，並指出日本政府僅有形式上的道歉，而未接受她們的訴求，以及持否定態度的政治家們的問題，最後在結論指出，日本政府應該以國家名義承擔責任，進行賠償和道歉。當時的我認為這樣的教法是可行的。

然而，孩子們的疑問並沒有得到解答，包括「為什麼日軍認為戰場上需要『慰安婦』？不賠償的理由是什麼？曾身為『慰安婦』的人們要求為何？為什麼有的日本政治人物不願意承認事實？」後來好幾位學生都對我拋出疑問，或許就說明了這一點。然而，考量到過去的課程中，很少有學生在課後提出疑問，我想對於學生來說，這堂「慰安婦」的課雖然粗糙，卻令人印象深刻，而且確實讓人產生興趣。對當時的我來說，教授「慰安婦」課程，是我身為一個老師回應金學順女士等曾為「慰安婦」的女性的責任，我也有信心這是對河野談話的實踐。

當時，漫畫家小林善紀在《新傲骨精神》中寫下毀謗中傷「慰安婦」的文字，自由主義史觀研究會發行《課本沒教的歷史》，歷史修正主義的風潮日益高漲。

喜歡社會科的由香來找我，看起來一臉怨氣很重的樣子。

「爸爸對我說，不要盡信平井老師的課堂，也有這樣的書，妳讀讀看。」

她拿《課本沒教的歷史》來給我看。由香的爸爸是保守的人，但他不是那種單方面強加自己想法，完全不聽孩子說話的人。

「妳可以讀讀看啊？」

「咦？」

我說：「比起沒讀就先討厭，讀了之後想想看哪個部分沒辦法說服妳也很好啊。老師還沒有讀，妳讀了再告訴老師是怎樣的內容吧。」

她回答：「我實在不想讀，但我會讀讀看的。」便回家去了。

幾天之後，「不行啦，這跟老師課堂教的完全不一樣。」

「怎樣不一樣？」

「嗯……很多部分都在說日本人以前多棒。」

「這樣不行嗎？」

「老師不是說過嗎？戰爭不是什麼美好的事，日本兵也有很多人餓死。但這本書說所有士兵都英勇奮戰，日本國民都毫無怨言地為國家而努力，感覺謊話連篇。」

「喔喔，這樣啊。那妳跟爸爸聊過這本書了嗎？」

「沒怎麼聊。我書讀完了就隨便擺著，所以我想他應該知道我讀了，但他什麼都沒說。」

「就像這本書一樣，有些人想要美化戰爭。但如果我們美化戰爭，說不定會有人想要再次發動戰爭。所以老師覺得，我們還是不可以美化戰爭。」

個人懇親時也發生過這樣的事。

有一位學生家長笑著說：「我們家吃晚餐的時候，女兒很常聊起平井老師的事。」

「她說了什麼呢？肯定是我搞砸的事之類的吧？」

「不是，是關於課堂的事。不久前她才說，她在公民課學到安保條約，說美軍不應該在日本設基地。」

「這樣啊。竟然聊了這個話題。」

「結果呢，爸爸說因為美軍會保護日本，所以我們需要基地，父女就吵了一架。」

「真不好意思，是我的課害的。」

「不會不會，兩個人看起來鬥嘴鬥得很開心。爸爸事後高興地說，那小孩平常遇到我都悶不吭聲，今天好好把想說的話說出來了，這樣好像也很不錯。我很高興那個孩子開始認真思考世界上發生的事。雖然說不定之後父女又會再吵架啦。」

我很高興孩子們願意認真思考這些問題。

在「慰安婦」問題的讀書會上，也有學生跟家長一起參加，並從國中生的立場表示「幸好有學習到這個問題。」

雖然人數不算多，但以「慰安婦」的課堂為契機，開始關心戰爭及美軍基地問題的學生逐漸變多了。

「聽到『從軍慰安婦』這個說法讓我很悲傷」

一九九七年，我讓孩子們在學習過亞洲太平洋戰爭後，針對課堂中印象深刻的部分寫一篇報告。他們報告的標題有：「向亞洲人民道歉」、「日軍的行為和責任」、「關於原子彈爆炸」、「反對戰爭」、「尚未結束的戰爭」、「沖繩」、「對今後日本的期望」、「和平是什麼」、「關於慰安婦」、「關於南京大屠殺」和「關於天皇」等等。很多女生選擇以「慰安婦」為主題。我針對「慰安婦」熱血開講的教學內容，似乎對女孩們產生了很大的影響。

在此分享當時一部分的感想。

〔A〕聽到「從軍慰安婦」這個說法，讓我感到有點悲傷。想到當時跟自己年紀差不多的孩子們被當成性奴隸，我就感到坐立難安、難以忍受。我真的很想大喊：「為什麼？」如果是我遭遇這樣的事，我肯定會很想逃跑，也會很想自殺。但「慰安婦」們就算曾經這樣想，大概也沒辦法這樣做吧。更過分的是當今的日本政府，他們竟然對以前日本做過的事視而不見，不願道歉。對我來說這是相當可惡的事，不可原諒。我希望日本政府真心道歉，而不是只要有道歉就好。一定不能讓這些對女性過分的行為，以及造成這些行為的戰爭再次發生。為此，我想學習並傳遞這件事，由生活在這個時代的人們將這些事傳承給下一代，再傳承給下下一代，就是我們所能踏出的第一步。

〔B〕幸好我在國中就能學到這件事。我學會成為一個尊重性議題的人，而且沒有人教一定沒有機會學到。我想「慰安婦」的女性們應該到今天還帶著傷痛、過得很辛苦。我想好好了解這個問題，希望能對這些人盡綿薄之力。現在我還不知道該做什麼才好，但我想要好好思考。

〔C〕如果我被迫成為「慰安婦」，我大概會想辦法去死。雖然不想死，但我寧可去死。同樣身為女性，想到被迫成為「慰安婦」的人們的心情，我就感到非常悲傷。這些事是五十幾年前發生的事實，即使身在現在的日本讓人難以置信，但我們不能說這跟我們無關並逃避這個問題。我想，如果大家好好學習並理解戰爭究竟是什麼，任何人都不會說戰爭是正當的。我認為，如果大家都知道戰爭會讓多少人受到傷害、感到悲傷，以及犧牲性命，我們是可以讓戰爭從世界上消失的。在全世界的國家當中，日本相當富裕，每天都能幸福地過生活，但現在還有很多國家因為內亂和紛爭失去家園、缺乏食物。一直以來，我都以為這些事跟自己沒關係，學習了戰爭之後，我開始關心這些事。雖然對日本來說是不好的面向，但學習十五年戰爭加深了我的思考。

〔D〕如果立場調換過來（受害的是自己）的話，肯定會想要日本的孩子們學到真相。我們不能對事實視若無睹。有人說這會讓人討厭日本，但如果我們不了解事實，年輕人可能會重蹈覆轍，這樣的話，那些述說戰爭的人們、在戰爭中死去的外國人，還有憲法九條都會失去意義。如果期望和平，我們就應該了解事實。

〔E〕人類總要以過去發生的事為養分，活出現在和未來，因此不應該抹消這些能夠成為養分的事實。

第三章

與「沖繩」相遇的孩子們

「妳要加油才行」

前姬百合學徒隊的宮城喜久子女士，是我至今無法忘懷的人物。宮城女士曾是姬百合學徒隊的一員，並遭遇了悲慘的經歷。她在向孩子們分享時，不僅會提到自己的經歷，也一定會談及當今社會的問題以及正在發生的事。

我第一次見到宮城女士是在二〇〇二年。那時我為了邀請她在修學旅行中跟孩子們分享自己的經驗，前去沖繩找她，至今我仍然記得那時她對我說的話。

「九一一恐怖攻擊發生後，來沖繩的修學旅行減少了。妳知道為什麼嗎？」

「是因為人們認為沖繩不安全嗎？」

「原本邀請我在修學旅行時分享經驗的學校老師，紛紛用非常抱歉的態度說，因為現在前往沖繩比較危險，決定更改目的地，所以必須要取消這次的邀請。這件事妳怎麼想？」

「因為沖繩有美軍基地，所以大家認為沖繩會成為遭受攻擊的目標吧。我想以學校的立場確實會判斷有這樣的風險。」

「那妳呢？」

「……。」

「沖繩很危險。但，沖繩的人們如果要離開危險的沖繩，又可以去哪裡呢？」

「……。」

「是誰讓沖繩處於危險之中的呢？」

「是設置基地的美國，以及支持這個決定的政府。……不對，或許是我們，因為是我們選擇了同意在沖繩設置基地的政府……」

「平井女士，我並不是在責備妳。但我想讓妳知道，沖繩處於這樣的情勢下，而本土的人們假如認為沖繩危險的話，只需要改變旅行的目的地就好，也就是默認了沖繩危險的現狀。」

「我痛切地理解老師想表達的意思。」

「對不起啊，我也知道對平井女士說這些話也沒什麼用。但我心情好多了。我只是想找人傾訴一下。好了，我們來討論明年的事吧。」

「老師，我認為不能將基地強加給沖繩，延續現在危險的狀態。我希望孩子們能連同這一點，一起學習沖繩的事。」

經過這段對話，我相當期待能在二〇〇三年的修學旅行跟宮城女士見面，但很可惜的

1 原書編註：宮城喜久子女士已在二〇一四年十二月過世。

是，我確定在隔年調職，只能讓升上國中三年級的孩子們自己前往沖繩。修學旅行當天，孩子們興奮地穿過安檢的入口，去送機的我則獨自一人被留在了伊丹機場。

我想下次一定要扳回一城，打算在調職後的新學校去沖繩修學旅行時，也邀請宮城女士來跟大家分享。

二〇〇五年暑假，我為隔年的修學旅行，前往姬百合和平祈念資料館討論相關事項，宮城女士出來迎接我。正當我準備在接待室的沙發坐下來，開始談修學旅行的事，宮城女士用坐立難安的態度先開始說了起來。

「平井女士，妳是從大阪來的對吧？大阪現在正在打一個很嚴重的訴訟。」

「是怎樣的訴訟？」

現在回想起來，當時的我真是太天真了。我那時候完全不知道大阪正在進行這麼嚴重的訴訟。

「藤岡信勝一行人發起一個『沖繩專案』，五月的時候來到沖繩，說是要調查『集體自盡』[2]的事，但說要調查，卻沒有來我們的資料館。」

「他們是為什麼而來呢？」

「妳知道沖繩發生過『集體自盡』吧？」

「我知道，是發生在座間味、渡嘉敷和讀谷村對吧？」

「座間味、渡嘉敷的『集體自盡』是由日軍下令的，這麼顯而易見的事，他們卻主張不是日軍的戰隊長下的命令，大阪正在進行這個訴訟。」

「是怎樣的訴訟呢？」

「是駐紮沖繩的日軍前隊長等人發起的，他們對撰寫《沖繩札記》（岩波新書，一九七〇年初版）的大江健三郎和岩波書店提告。」

「咦——？」

針對沖繩戰的真相，竟發生了這麼大的訴訟。我連這件事都不知道，卻還想帶孩子們來沖繩？我感到非常羞愧。我記得，比起修學旅行的內容，我們深入討論了沖繩戰及「慰安婦」的歷史被扭曲的問題。

「平井女士，妳要加油才行。妳人在大阪，我希望妳跟我們一起加油，不要讓沖繩戰的歷史被扭曲。」

離別時我們握了手，宮城女士的手傳來的溫度和強烈的力量，成為我後來繼續奮鬥的

2 譯註：「集體自盡」的原文為「集団自決」。部分論者主張使用「強制集団死」一詞，以表達居民並非主動選擇自盡，或實際上並沒有選擇的餘地。由於用詞在沖繩戰的討論中有諸多爭論，大多會在提到「集団自決」一詞時加上引號，應是為了強調此一詞彙並非中立客觀。譯文則考量可讀性直譯為貼近中文的「集體自盡」，並同樣保留引號。

原動力。

回到大阪之後，我查找了關於大江・岩波沖繩戰訴訟的資料，歷史研究者和關心沖繩問題的人們反應之慢令人驚訝。

在此提一下大江・岩波沖繩戰訴訟的背景。

藤岡信勝等人組成的團體「自由主義史觀研究會」，在二〇〇五年成立「沖繩專案」進行調查，試圖證明部分教科書中寫到的，在沖繩戰期間，座間味島及渡嘉敷島的「集體自盡」並非由日軍下令所造成。同年八月五日，座間味島戰隊長梅澤裕（當時住在大阪）與渡嘉敷島已故戰隊長赤松嘉次的弟弟秀一擔任原告，在大阪地方法院提起訴訟。他們主張「兩島上居民的集體自盡並非日軍命令所致，《沖繩札記》中提到日軍下令，構成名譽毀損」，對作者大江健三郎和岩波書店提出名譽毀損與禁止出版的訴訟。他們為訴訟做足準備，組成「支援沖繩戰集體自盡冤枉訴訟會」，找到超過三十位代理人為訴訟背書。其中包含前防衛大臣稻田朋美。

而支持大江健三郎和岩波書店的一方，則在二〇〇六年三月第三次言詞辯論的晚上舉辦學習會，組成「大江・岩波沖繩戰訴訟支援聯絡會」，我也以協助者的身分參加。這是我對宮城女士說的話所能做的回應。

二〇〇八年三月，大阪地方法院宣判大江・岩波方勝訴。同年十月，大阪高等法院也宣判大江・岩波方勝訴。最後在二〇一一年四月，最高法院判決大江・岩波方勝訴定讞。然而，他們的目標並不是判決本身，而是教科書。二〇〇七年三月，政府公布了二〇〇八年度用的高中歷史教科書的審查結果。審查意見認為「表達方式可能造成誤解」，於是便刪除了提及日軍強迫居民「集體自盡」的描述。審查結果公開的前一天，大江・岩波沖繩戰訴訟正召開庭審。我坐在旁聽席時，聽見原告方的人說：「這場訴訟的目的幾乎已經達成了。明天將公布的高中教科書審查結果，將去除日軍強迫『集體自盡』的敘述。」我這才驚覺，他們發動這場訴訟真正的目的正是教科書。

二〇〇七年九月二十九日，沖繩舉行了「要求撤回教科書審查意見的縣民大會」。不滿沖繩戰歷史被扭曲的群眾，紛紛舉起「歷史的風化將招來戰爭」、「將沖繩戰的真相寫進教科書裡！」的標語牌抗議。見證「集體自盡」的當事人也站出來表示「絕不允許有人曲解沖繩戰的真相」，並講述自己的故事。但直到現行的教科書中，也沒有撤回當時的審查意見，因為對於當前的政權來說，「集體自盡」正是其中一段不想教給孩子們的歷史。

從教科書裡消失的「慰安婦」

二〇〇六年去沖繩修學旅行的孩子們所使用的教科書中，已經看不到「慰安婦」的敘述。帝國書院、日本書籍新社及清水書院等出版社的版本，還勉強在腳註中保留一點內容，但吹田市的國中使用的大阪書籍版已經完全沒有相關敘述。之所以會遭到刪除，原因包含政府內閣官員扭曲「慰安婦」事實的發言、媒體的自我審查，以及對教科書出版社的壓力。

二〇〇三年，小泉純一郎內閣通過了《伊拉克重建支援特別措施法》，自衛隊以人道援助的名義被派往伊拉克。因為這次派遣，二〇〇四年四月，三名日本人被武裝勢力扣為人質，之後才獲釋。但在二〇〇五年十月，一名日本青年被扣為人質後遭到殺害。同一年還發生上述的大江・岩波沖繩戰訴訟，扭曲歷史真相的風潮加速蔓延，而「共謀罪」也是在這個時期被送進國會。

歷史修正主義者對近現代史的反動也變得更加激烈，其中南京大屠殺、日軍「慰安婦」、沖繩戰「集體自盡」尤其淪為攻擊的箭靶。如何抵抗這些反動，在教學現場是很大的難題。

孩子們將在二〇〇六年四月二十二日出發前往沖繩，時間點是在升上三年級後不久。我希望在他們啟程之前，讓他們學習近現代史，於是在二年級的第三學期，利用社會科和綜合學習的時間教授亞洲太平洋戰爭和沖繩等議題。

在「慰安婦」的課程中，我以金學順女士的記者會為引言，說明慰安所的地點、人們

裴奉奇女士。（圖片提供：川田文子）

被迫成為「慰安婦」的背景脈絡和狀況。課程首先提到，被迫成為「慰安婦」的人們戰後過了怎樣的人生，並思考經過四十多年後主動現身說法的人的想法，以及這件事的意義。此外，我也介紹了像裴奉奇女士這樣被帶到沖繩的「慰安婦」。

從上述內容，我們可以逐漸了解金女士的訴求（隨後詳述），以及政府的處理方式並未回應這些訴求。有學生提問「為什麼軍隊需要『慰安婦』？」針對這個問題，我要大家回想「中日戰爭及抗日之戰」課堂中，曾提到日軍有許多強暴犯行，及日軍在戰場上主要從當

渡嘉敷島的阿里郎慰靈紀念碑，紀念裴奉奇等朝鮮慰安婦。

地徵調資源等內容，學生們則提出「防止強姦」、「女性也被當成物品調度」、「是官方承認的日軍士兵強暴」等意見。

在這時候的課堂上，我希望大家將這件事視為當前正在發生的問題來深入理解。我向大家說明，金女士發聲後，共出現十個與「慰安婦」有關的訴訟（見本書附錄），帶大家思考訴訟背後的背景脈絡。學生們則表達：「只有一個人沒辦法做到，但受害女性們開始共同行動」、「原本一直自責的女性們終於不再那樣想」、「想在年老死去前奪回自己的尊嚴」、「希望日本政府以官方立場道歉」、「大家一起能發聲實在太厲害了！想知道這些訴訟後來怎麼了」等想法。

針對判決結果，我說：「所有『慰安婦』們的訴求都被駁回，但十件判決中，有八件承認『慰安婦』們所遭受的傷害」，學生們則表達疑問：「為什麼承認造成傷害，卻判『慰安婦』們敗訴呢？太不合理了！」我刻意不回答這個問題，因為我認為，這樣才能讓孩子們自行針對司法的判決，以及政府處理「慰安婦」問題的方式有所質疑。

我要學生們一併閱讀一九九七年的歷史教科書與現在的教科書（吹田市在一九九七年以前是採用「大阪書籍」的教科書，之後則是採用買下大阪書籍版權的日本文教出版的教科書）。我想讓學生們思考，為什麼有的教科書會提到「慰安婦」，希望他們能了解當時的社會狀況。

有關「慰安婦」被寫進教科書的經過，我向大家說明，政府最初否認軍方曾經介入，但基於金女士的證詞而展開調查，最終由河野官房長官承認軍方的介入並道歉，這也成為教科書中記載「慰安婦」的契機。我也跟大家說：「現在已經沒有這段敘述了。」

課堂的最後，我們回到金女士的證詞，讓大家思考她的心願，同時介紹韓國「慰安婦」及其聲援者在韓國首爾的日本大使館前舉行的星期三示威，並說明她們的訴求（一、法律上承認日軍「慰安婦」；二、由國會通過道歉決議；三、究明事實；四、建立慰靈碑

在日本駐韓大使館前舉行的星期三示威。

和資料館；五、法律賠償；六、在歷史教育中教學；七、處罰應負責者）。另一方面，我也拋出問題，讓大家思考我們該如何面對政府不遵守河野談話，以及政治家反覆發言否認（「慰安婦是垃圾一般的存在」、「慰安婦明顯在說謊」、「賺了很多錢」、「不是強迫的」）的現況。

內容非常多，接下來我們就來看看孩子們是怎麼理解的。

想繼承她們行動的勇氣

在此分享「慰安婦」課堂後學生寫下的感想短文。

〔A〕長久以來「慰安婦」一直保持沉默，經過四十多年後終於發聲，非常令人敬佩，一想到她們長年遭受的痛苦，就覺得日本政府的行為不可原諒。然而，我希望我們也能繼承「慰安婦」站出來發聲、發起行動的勇氣。

〔B〕痛苦不堪、不願想起來、難以原諒自己……。想到「慰安婦」們發生的事，我就好想流淚。然而她們終於對日本政府講出自己的訴求，我認為這很令人敬佩。

〔C〕這個問題牽涉到種族歧視和性別歧視。強迫與否不是問題，將她們逼到絕對無法逃跑的地方，每一天都要跟幾十個士兵發生關係，這根本如同殺人。想到如果我成為士兵，可能也會變成不把女生當女生看的人，就覺得很恐怖。

〔D〕身為日本人，實在不想承認日本人曾經做過這麼過分的事。就這個意義上，「慰安婦」的課讓我印象深刻。

閱讀大家的感想可以看出，不少學生透過學習「慰安婦」等戰爭的實際情況，深入思索了戰爭。學生們寫道：「了解自己國家的事，才能跟亞洲各國建立友誼」、「不應該說我們沒有戰爭責任，作為不了解戰爭的世代，我們有責任了解並繼承這些歷史」。有些心得則可以從中感受到對和平的強烈想望，例如：「要道歉的是政府，但身為日本人，我希望了解過去的事，包含負面的部分，以憲法九條為基礎建立和平的社會」。

此外，曾是戰爭受害者的「慰安婦」沉默了四十多年後主動發聲，並與聲援者團結起來，成為提升女性地位的推手。有些學生對於「慰安婦」們成為改變歷史的主體，感到共鳴。但也有些學生始終表示，情感上無法承認這個問題。

我將沖繩修學旅行定位為加深上述認識的契機。接下來我們就來看看，孩子們在學習沖繩戰等亞洲太平洋戰爭的歷史，並接觸基地問題之後，如何深化自己對和平問題的思考。

修學旅行改變了孩子們

二〇〇六年四月二十二日，沐浴在早晨的陽光下，參加修學旅行的學生們一臉期待，帶隊的老師卻神色陰鬱。老師們的心情，只能用「忐忑不安」來形容。「只希望飛機不要折返，可以順利抵達沖繩。」當時其他年級的老師對我說了這句話，至今仍讓我無法忘懷。這個年級非常難教，經常發生學生翹課、對老師口出惡言、干擾課堂等行為。即便如此，負責這個年級的老師們依然秉持民主的理念，踏實地與孩子們對話，就算無法立竿見影，仍企圖從中找到希望。

什麼能夠觸動學生們的內心？藉由淺顯易懂、能夠吸引孩子們的課程，是不是能夠改變學生們？

透過亞洲太平洋戰爭和沖繩整體的和平學習內容，我希望不只是訴諸情感，更讓學生們知道戰爭的真相，透過連結當代的問題來喚起他們的正義感。我希望前往沖繩的孩子們，能夠在沖繩看見戰爭的實情，理解基地集中在沖繩的現狀，以此為出發點來思考和平，並且作為創造和平社會的主體，從根本重新審視自己。

孩子們搭乘的飛機沒有折返，順利抵達了那霸機場。熱風吹拂臉頰。孩子們有點興奮，也有點緊張。第一個行程是和平學習，我們參觀了許多人在「鐵之暴風」[3]當中躲藏保命的天然洞穴「Gama（ガマ）」。沖繩縣八重瀨町的Nunumachi-gama（ヌヌマチガマ）潮濕而滿地泥濘。孩子們帶著緊張的情緒進到洞穴裡。學生們在日軍充作醫院的Gama裡，聽和平導覽員的講解，並驚訝於內容與課堂所學的關聯性。一位名叫慎哉的學生甚至因為太緊張而貧血發作。慎哉是班上最愛調皮搗蛋的學生，他說的話對班上的氛圍有很大的影響力。

「怎麼啦？你平常不是最有架勢嗎？」

3 譯註：沖繩戰當中激烈的陸地戰況常以「鐵之暴風」形容，指砲彈及砲彈爆發後的碎片從四面八方飛來，暴露在外的居民無處可躲的危險情況，出處為琉球新報社一九五〇年出版的同名證言集。

在沖繩縣八重瀨町的Nunumachi-gama聽和平導覽員解說的孩子們。

「我第一次這麼認真聽人講話欸。」

「有讓你感到震驚的內容嗎？」

「嗯……這樣伸手不見五指的Gama竟然被當成醫院使用，這很讓人震驚，聽說其他的Gama有些曾經有『慰安婦』，沖繩曾經有慰安婦這件事也讓人很驚訝。另外，沖繩戰中一般居民被日軍虐殺的事，也讓我很震驚。」

「站在發生過戰爭的土地上，就是在實際感受戰爭啊。」

「有，我的感受變強烈的。」

平常在學校不認真聽課的頑皮少年們，坐在會場的最前排，聽姬百合學徒隊的宮城喜久子分享。同行的老師很擔心地對我說：

「那些孩子為什麼坐在那麼前面啊？如果他們開始騷動怎麼辦？平井老師，我們是不是應該事先指定座位啊？」

「不會的，這種時候最能看出學生的態度，那些孩子們是真的想聽吧。」

搶下最前排的頑皮少年從頭到尾都認真聽講，證明我們的擔心是多餘的。健太郎寫下了修學旅行中印象最深刻的事。身為一位充滿正義感的典型好學生，他表示：

「宮城女士的話中最讓我印象深刻的是，她說：『往後的時代是靠話語，而非靠槍和炸彈來創造和平的時代。』靠話語來創造和平，這讓我覺得我好像也能做些什麼。」

傳述沖繩戰的責任

「還是我們演沖繩的戲？」我在決定文化祭戲劇表演的會議上提出這個想法。本來我以為提案會馬上被否決，但經常得意忘形的政男馬上說：「我們在沖繩聽了宮城喜久子女士分享，她說希望我們好好將戰爭的事傳遞下去，就這麼做吧。」政男雖然擔任文化委員，但可以說跟文化打不著關係。平時被人說幾句馬上就會生氣，有點愛哭但人很善良。接著慎哉也舉起手表示同意。這兩個人平時總是給老師添麻煩，這次卻主動推薦要演沖繩的戲，大家都很驚訝。「既然我們聽了宮城女士說，就有責任把這樣的內容傳遞下去。要演喜劇其他班也能演，但這樣的劇只有我們班能演。」

但另一方面，最認真學習沖繩議題的亞彌卻說：「真要說的話，演沖繩的戲比較好，但我實在沒有自信我們能好好傳達這些重要的訊息。而且這個主題太沉重了，大家會很難受。」亞彌是優等生的典型代表，但一年級時曾因為在班上的發言造成朋友的誤會，人際關係不太順利，因此總是最後才表達自己的意見，對人際互動比較謹慎。

班級討論中，喜劇風格的音樂劇和沖繩的劇場幾乎勢均力敵，最後以一票之差決定演出喜劇。政男和慎哉看起來不太開心。然而，在文化委員會上，班上選的劇目跟其他班演出的劇目重疊，政男跟亞彌互相使了個眼色，決定把原先的劇目讓給其他班級，將演出劇目改為「一九四五年夏天，沖繩，我們曾在戰場上」。後來詢問兩人，他們回答道：「我們就覺得班上的大家一定會同意。」兩人公布文化委員會結果後，大家也紛紛點頭同意。

這齣戲以姬百合學徒隊為主角，登場的人物還有受傷的士兵，以及姬百合學徒隊的帶隊老師，可以看見戰場上各種人物的複雜思緒。

「那些留在Gama裡被見死不救的士兵，真的打從心底喊出『天皇萬歲』嗎？」

「我們要明確表達日軍沒有保護民眾吧。」

排練期間，學生們想像當時人們的心境，重溫了修學旅行當中學到的事。

在戲的最後，扮演姬百合學徒的亞彌，傾訴了對和平的想望。

「不管有怎樣的理由，我們都不接受戰爭。就算國與國之間彼此交戰，人與人之間也不必如此。生命才是最重要的東西。生命裡才有最重要的價值。為了朋友而努力活下去，讓我從當時沖繩的悲劇中獲得拯救。由我們來持續守護當前的和平，是現在我們對犧牲者能盡的最大努力。」

掌聲不絕於耳，即便在帷幕落下之後，舞台上的孩子們仍然安靜地留在一九四五年戰場的世界裡。

文化祭結束之後，我在職員室留到比較晚，這時慎哉來找我。

「可以跟老師簡單聊聊嗎？」

「怎麼啦？已經超過六點了喔。」

「老師，我想說……謝謝妳讓我們演這個戲。」

慎哉看起來有點害羞地小聲說，但同時眼睛在發光。

我也馬上說：「我才謝謝你們。」

光是這句話都有點難說出口。

有些學生回溯和平之礎銘刻的姓名，珍視每個人的死亡，實際感受生命的重量；有些學生對戰爭拋出疑問；有學生說，戰爭的本質正是掌權者為了一己之私而發動的；有學生

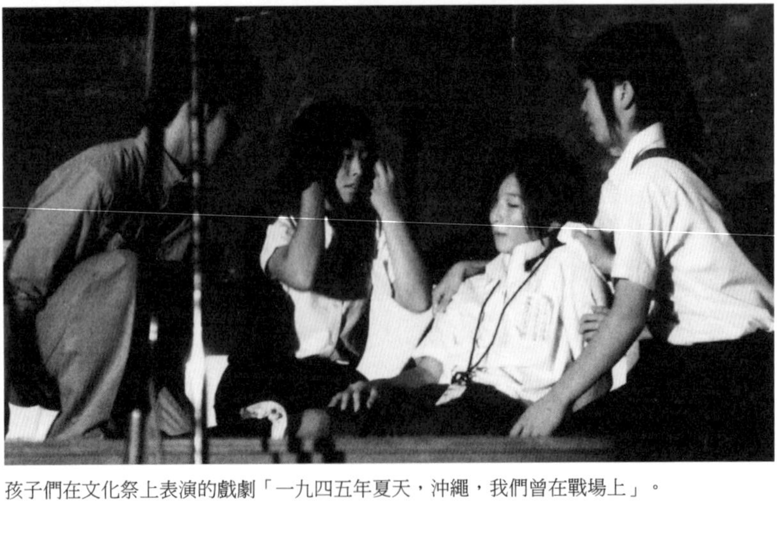

孩子們在文化祭上表演的戲劇「一九四五年夏天，沖繩，我們曾在戰場上」。

表示，要探尋不靠武力維持的和平；有學生想要傳承沖繩人民的痛苦（包括戰爭造成的痛苦和當前美軍基地所強加的痛苦）和想望；有學生想將聽到的傳遞給下一代，也有學生自問：「我能做些什麼」。

這次演出戲劇的孩子們，在演出中重新體驗沖繩，也思考為了實現和平、不要發動戰爭可以怎麼做。學生們將課堂所學與在沖繩的經驗做連結，開始認真思考日本的政治與世界和平。以下是戲劇結束後亞彌寫下的文章：

一開始，我非常擔心我們的表演是否能夠傳達沖繩的事。但隨著反覆的排練，我發現那樣的擔心其實是多餘的。每一個受傷的士兵看起來都相當痛苦。用氰化鉀自盡的場面、宮城老師留下一句「不要去！」後死去的場面，這些光是在舞台側邊看著，就令人非常難過。雖然我們沒有什麼演出經驗，但所有人仍然盡全力演出，我想我們呈現的作品，應該能讓人感受到，戰爭時發生了無數類似的場面。

我認為我們能做的，是理解戰爭的悲慘，感恩自己在美好的環境下出生成長，並且「盡全力活下去」，不要愧對當時努力活下來的人。我扮演的姬百合學徒最後的台詞中，也強烈訴說著這樣的心聲。這是只有四班才能完成的一齣戲。我們每次排練都全力以赴，每個人都認真思考並想辦法做得更好。當我們齊聲說「謝謝大家！」並鞠躬時，觀眾的熱烈掌聲彷彿觸及到身體深處，「大家有聽見我們想表達的東西……。」

「我在收集連署喔！」

「老師！」二〇〇六年十一月，我在車站發放反對修改《教育基本法》的傳單，正好遇到兩個要去補習班的孩子經過。

他們說：「我們也一起發！」

我則說：「不行不行，可不能讓你們發。」

孩子們本來充滿幹勁卻被我趕走，一臉不高興地去了補習班。國中生們也很關心《教育基本法》修改的問題。隔天早上，前一晚的孩子們氣沖沖跑來找我說：「老師，這麼重要的問題，卻很少人接下傳單，真是氣死我了。」孩子們似乎也動起來了。

有一天，我們班的慎哉跟我說：

「老師，我在收集連署喔！」

「什麼的連署？」

「當然是為了反對《教育基本法》修惡啊！」

「欸欸欸！真的假的！你沒有威脅別人連署吧？」

「我有好好跟他們討論啦！剛開始大家還不太理解，但我說：『《教育基本法》就是教育的憲法耶。如果這部法律被政府改了，不就是在培養協助發動戰爭、充滿愛國心的小孩嗎？』大家都說：『哇這樣很可怕。』願意幫我連署。我收集到我們這屆一半的人。」

「你是怎麼想到這些的？」

「有時候我覺得小孩才是對的。大人也有做錯的時候吧？但這種時候，小孩還是會被迫要聽話。但我就算知道會被討厭，也不願意服從。就算可以假裝，我覺得安倍當上總理大臣真的很可怕。如果共謀罪的法律通過，《教育基本法》改了，學校也會跟著變。愛管事的老師會變得比現在更多，什麼事都用強迫的。大家都不會聽學生說話，學校裡什麼事都變成強制，我覺得這個狀況越來越近了。」

看來慎哉很認真想過了。

十一月六日，《教育基本法》修正案在在野黨缺席的狀況下，在眾議院特別委員會強行通過。

隔天慎哉看起來很消沉，但他沒有放棄。他寫了這樣的電子郵件給我：

看到很多人抱著跟我一樣的心情開始行動，我獲得了很多勇氣。為了不要讓後代受苦，我要做所有我現在能做的事，無論如何都要廢止這個法案。這是我思考後的結果。

我是在慎哉畢業之後才知道，他之所以對社會培養出這樣的認識，可以憑自己的意志做出這些行動，除了學校之外，也受到民主的家庭環境影響。

請聽聽我們的聲音

「老師，聽說聖誕節的現場表演要中止了！為什麼我們做的事每次都要被喊停？」

在教職員會議上，學生會負責人突然以「一部分人自主策劃的聖誕節現場表演不應以學校的名義舉辦」為由，公告中止聖誕節現場表演的決定。而實際上真正的原因是「這屆三年級很會搞事」。

孩子們接到現場表演取消的通知後，情緒非常激動。

有些孩子們主張：「如果我們什麼都不做就這樣直接畢業，就等於我們自己也承認『這屆很難搞』這個標籤。我們希望學校能聽到我們的聲音。」有些原本對愛惹事的同學冷眼相待的孩子們，也開始發起行動。

「全校朝會千萬不要遲到！」

孩子們寄信呼籲大家。

慎哉也寄信給我，表達了他的擔憂：

「老師，現在信件的內容很混亂，只有現在的資訊，感覺會有學生去頂撞老師。如果變成那樣，本來大家想用民主的方式發起行動恐怕會整個瓦解。」

我也請他跟大家說：「你說的對。不管怎麼樣，先跟大家說明天朝會不要遲到，也要叫大家不要急著對老師口出惡言，尤其這點一定要說。」

這些孩子的行動，其實正是保護校園裡《教育基本法》的行動。

如果坐視孩子們自主舉辦的活動受學校單方面的限制與剝奪，更大的風波來襲時就會無法對抗。要好好主張自己的想法、覺得有問題就要發聲，我總是跟孩子們強調這些事的重要性。距離畢業剩下不到四個月，我不想讓孩子們帶著無力感畢業。

十二月四日星期一的全校朝會。平常時，三年級的區域像梳齒斷掉一樣，出席者稀稀疏疏；但這一天，學生們睡眼惺忪卻全員到齊。校長和老師們看到這個景象都瞪大了眼。第一節課導師時間由學代收集了大家對演出重啟的連署。整個三年級原本意見分歧，現在也團結一致支持訴求。

星期四的導生時間，學代讀了給校長和老師的請願信。

當天舉辦球賽。孩子們說：

「老師不要去國會啦，要為我們而戰！」

「就是說啊，我會在教職員會議為大家而戰。」

「教職員會議也很重要，但我們說的是球技大會啦！要一起戰鬥喔！」

本來我打算要去東京國會議事堂前參加反對《教育基本法》修惡的示威，但我告訴自己：「雖然《教育基本法》很重要，但守護學校的民主也很重要。」慎哉有點失望地對我說：「老師不去國會了喔，我本來希望老師去的。」我則回答：「學校的問題跟《教育基本法》的問題連在一起啊。」不知道他會怎麼想這句話？

球賽中，四班雙打獲勝了。

「這個結果有讓老師打起精神吧？接下來教職員會議就靠老師了！」結果學生還這樣鼓勵我。

令人高興的是，這一屆的家長會在午休時間來找校長談，我也受到鼓舞，跟學代一起在放學後跟校長交涉。看到每一位認真的三年級學代，校長只好說：「你們讓大家看到了你們的努力，我們會好好考慮這件事。」接下來就剩下教職員會議了。

在會上，我讀了孩子們信中提出的訴求，但有人發言表示：「讓他們知道自己做的事情造成的後果，他們才會理解世界的殘酷。」我早就料想到會有這樣的聲音出現，但這番話卻完全沒有「如何循序漸進培育孩子們」的觀點。我說：「如果他們做得不好，真正的教育應該是讓他們知道哪裡做得不好。難道有做不好的地方，就可以事事都加以限制嗎？這才不是教育。」三年級的老師們也一同堅持，表示「不希望讓孩子們失去積極行動的熱情和希望。」到最後，校長說：「我們要尊重孩子們的想法，讓三年級主辦這個活動。我們應該重視導師、學生和家長之間的信任關係。」這段話，讓聖誕節現場表演得以繼續舉辦。

十二月二十一日，舉辦聖誕節現場表演的孩子們，每個人臉上都洋溢著滿足感。

表演是由一部分的人自主發起的。有些學生認為「這不關我的事」，但仍有許多學生挺身而出。明明是與他們切身相關的事，卻沒有問過他們就擅自決定，學生們對於這樣不合理的情況表達了他們的心聲。他們想說的是：「等等，請聽聽我們的聲音。」孩子們沒有各說各話，而是用民主的手段、用講道理的方式來抒發己見，可以感受到他們的成長。這是孩子們以公民的身分踏出第一步的時刻。

學生們在沖繩這樣的地方聆聽、看見、學習到戰爭的實際情況以及安保的問題。而學校這個場所，正是要讓創造未來的人們講出自己的希望，同時思考並學習要在怎樣的情境下發起怎樣的行動，創造一個民主與和平的社會。

在修學旅行時，沖繩美軍基地之大讓我們深受震撼。聽聞許多美軍士兵從日本的基地被派往阿富汗和伊拉克，我們感到非常悲傷。我們也理解到，沖繩人因為基地飽受戰鬥機的噪音和士兵的暴力之苦。我們絕對不願站在壓迫別人的立場上。

二〇〇七年，孩子們留下這樣的畢業感言啟程了。

第四章

與阿嬤的約定

在特會來了！

二〇一〇年八月，我造訪了韓國的分享之家。[1]前來迎接我的是當時在分享之家照顧阿嬤們的村山一平及古橋彩。「妳還沒吃飯吧？」兩個人對我說，並馬上把我帶到了餐廳。那時候阿嬤們正一邊談笑著一邊吃著午餐。首先向我這個突然闖入的人搭話的是裵春姬阿嬤。她連續拋出好幾個問題：「妳從哪裡來的？現在在做什麼啊？」我說：「我在大阪當國中社會科的老師，在課堂上教導學生們各位阿嬤的事！」她則露出笑容回答：「那妳多吃一點，吃飽我們再聊。」我之所以會造訪分享之家，其實是有原因的。

那一年的七月六日，有人自稱是學生家長的熟人，突然打電話到我任教的學校，並表示：「我認為平井老師的上課內容有偏頗之嫌，我看了授課講義，覺得內容相當左傾。針對老師教導從軍『慰安婦』及沖繩『集體自盡』這件事，我要求校方給個說法。」校方告訴我這件事時，我心裡已經有底。我說：「讓校外人士進到學校裡可能會造成混亂。我認為不要讓他進來比較好。」但學校並沒有採納我的建議：「既然他自稱是和學生家長有關的人士，我們還是得見他，但我們不會讓平井老師跟他見面。」

我心想：「如果真的是家長認識的人那倒還好……」

果不其然，來的人並不是和家長有關的人士，而是在特會[2]的成員。

我在此前一年的二〇〇九年，就已經受到在特會的攻擊。大江・岩波沖繩戰判決時，我站在支持大江先生和岩波書店的立場參與行動，對方以「身為公務員卻參與政治活動」為理由挑毛病，要求「對參與政治活動的平井進行懲處」、「如果不下令懲處就要在學區裡發傳單」。然而，教育委員會判斷這件事「稱不上是政治活動，不符合懲處條件。」對方並不死心，又批評：「平井在課堂上教導沖繩戰『集體自盡』的內容，但這個問題正在訴訟當中，不應該在課堂上教。」然而針對這一點，教育委員會也回應：「該內容為教科書上記載的事實。平井老師的教學沒有瑕疵。」對方於是撂下狠話：「以後不管平井轉調到哪間學校，我們都會跟過去！」然後停止了這一波的攻擊。

在特會兌現他們撂下的狠話，在二〇一〇年來到我調職後的學校，來的成員裡也有從上一間學校就開始攻擊我的人。調校後，他們仍然持續把我鎖定為攻擊目標。他們帶著我在課堂上發放的「慰安婦」講義來到學校，並將談判的過程錄影留存。補習班會從學生手

1　譯註：나눔의집，英文意譯為House of Sharing，日文則取「나눔」音譯為「ナヌムの家」。綜合參考網路上的中文用法後意譯為「分享之家」。

2　譯註：在特會的全名為「不允許在日特權市民會」，主張在日外國人（主要以朝鮮半島出身者為對象）與日本人享有同等權利是為「特權」，應該將他們趕出日本。在特會在朝鮮半島出身者聚集的地區大聲抗議，為日本知名的極端右翼團體。

上蒐集課堂的講義，因此校外人士很容易就能取得。

「這個說謊的老阿婆。」他們指著講義上的金學順這樣說。他們還表示：「這個議題有許多不同的意見和主張，老師不應該將單方面的主張強加給學生。將『集體自盡』和『慰安婦』做成課堂講義是很大的問題，沒有考慮到有些學生可能對被迫聽想法不同的課程感到不快。把全部的講義都給我們看。」與其說他們是來談判，不如說是在滔滔不絕地陳述自己的主張，並一再否定「慰安婦」的存在以及證詞。後來他們也將談判過程的影片放到網路上。

在特會向警察提出了在七月十六日早上八點到下午六點使用道路的許可，好像打算向上學途中的孩子和上班途中的附近居民發放傳單，或是在街頭宣講。校長說：「為了不要在校內造成混亂，還是向對方展現有誠意的態度，讓事情早點結束。只看講義的話，確實被在特會拿來說嘴也是沒辦法。」對此我非常驚訝，只能勉強說：「他們一開始就把我當成目標，不管我做怎樣的講義，他們都會想辦法找碴。我沒有從事偏頗的教育，也沒有理由接受校長的指導。」

雖然我們都不想造成學生和家長的困擾，也不希望引起混亂，但試圖指責教師的授課內容有問題來息事寧人的管理階層，實在讓人難以信任。這個問題不僅僅是針對我個人的課程，還是針對整體學校教育所進行的攻擊。我提議在教職員會議的公開場合討論此事。

看到教育委員會來到學校，管理階層和我多次進到校長室閉門對談，不論哪位教職員都很納悶，學校是否發生了異狀。

針對校長在教職員會議上的說明，大家提出了一連串的問題。我也向教職員們講述事情的經過，說明自己在課堂上重視的事，也強調並沒有將個人的主張和價值觀強迫灌輸給學生，而是基於有科學證據的歷史認識來教學。我還說，對我的攻擊不僅僅是針對我個人，而是外部人士對學校的干預，並提到在特會曾經在京都朝鮮學校等地做過怎樣的破壞性行動。我說：「我不想讓孩子們感到混亂，或造成孩子們的恐懼，希望大家可以一起想辦法。」在講述的過程中，一度情緒激動到說不出話。

這時候，新任教師站起來幫我說話：「我們要保護平井老師」、「就算他們發傳單，我們可以跟孩子們解釋，不讓他們有所動搖」、「這個問題是全校的事」……，大家陸續發聲。

「校長，請不要屈服於外部人士的干預。絕對不可以說已經對平井老師進行指導，或者說平井老師有問題。如果這樣的影片流傳出去，以後將再也無法做這樣的課程，而我們會成為助長這種情況的共犯。」以社會科的老師為中心，有幾位教職員向校長提出意見。教職員認為，這不是平井個人的問題，而是外部勢力對學校的干預，並認真思考可以為了守護教育和孩子們做些什麼。他們發放傳單的計畫最後胎死腹中。

然而，戰鬥並未就此結束。

為什麼我們得遭受這樣的攻擊？我教給孩子的內容真有那麼大的問題嗎？身陷攻擊之中的我，為了再次確認自己一直以來教給孩子們的內容，前去與阿嬤們見了面。

「妳因為教學生我們的事而遇到麻煩嗎？」

讓我們回到分享之家。分享之家位於韓國京畿道廣州市，是前日軍「慰安婦」阿嬤們共同生活的家。前來迎接我的村山和古橋，是透過在韓國留學的熟人介紹而認識的，他們先前已經知道在特會這次對我的攻擊。「我們也算是同伴啦！」他們突然這樣對我說，我反問他們原因，他們則笑著答道：「每次我們在東京之類的地方舉辦阿嬤們的集會，那些人一定會來到現場，用難聽的字眼辱罵我們。」幸好我這次來了。雖然我表現得很勇敢，但內心其實已經快要撐不下去，光是知道這裡有自己的同伴在，就讓我鬆了一口氣。

吃完午餐回到大廳，裴春姬阿嬤馬上過來找我。阿嬤在一九二三年出生於慶尚北道，十九歲時去朋友家玩，聽到招募「挺身隊[3]」的消息後志願加入。原先聽說可以賺到錢便決定去工作，結果卻被帶到慰安所。從一九四二年直到日本戰敗為止，她被強迫做日軍的「慰安婦」，在滿洲生活。戰後她來到日本，在酒吧從事性工作，並在八〇年代初期回到

位於韓國京畿道廣州市的分享之家。

韓國。她在一九九三年公開自己身為「慰安婦」的經歷，並於一九九七年開始在分享之家生活。

「妳從大阪來啊？我曾經住在今里（大阪市生野區）喔。」

「我家就在附近喔。」

我們聊大阪的事聊得很盡興。我想聽她說過去「慰安婦」時期的事，還在遲疑要不要主動開口問，就在這時，阿嬤問我：「妳因為教學生我們的事而遇到麻煩嗎？」我忍不住開始講述近期我的課堂遭受的攻擊，好一段時間阿嬤什麼話都沒說，只是單方面聽我說，並在我說完之後

3 編註：「女子勤勞挺身隊」為日本帝國在二戰期間，動員日本內地及殖民地的朝鮮、台灣的女性到軍需工廠勞動的制度。此處裴春姬敘述的經歷，屬於被以「挺身隊」名義徵用、欺騙而淪為「慰安婦」的案例。

裴春姬阿嬤。（圖片提供：石川康宏）

說道：

「那些傢伙每次都攻擊我們，說我們是騙子，不然就說我們有拿錢，真的太過分了。我們明明就是被騙過去，被強迫工作的。妳願意教導學生我們的事，還因此遇到麻煩，真的很了不起。」

阿嬤一邊說著，一邊握住我的手。

一個個年輕的女生被騙去當「慰安婦」、被許多來歷不明的士兵們玩弄；被丟在陌生的地方沒辦法回到故鄉，只能四處流浪，上了年紀才好不容易來到分享之家；好不容易鼓起勇氣出面講述證詞，卻被貼上「騙子」的標籤加以攻擊。她們嘗到的絕望、恐懼、悔恨、挫折和憤怒，跟我所受的攻擊根本不能相提並論。

認識了在這裡生活的阿嬤們、想到發生在她們身上的事，我終於轉念，覺得自己受到的攻擊根本不算什麼。我們無論如何都不能敗給這些不合理的攻擊。阿嬤們忍受了幾十年的痛苦，把她們的事傳承下去，正是我必須要做的事。見到阿嬤們之後，我原本委靡不振的心情也重新振作起來。

裴春姬阿嬤不僅人很親切，唱歌跳舞也都很在行。

「我要回去了。」

聽到我這麼說，她露出了落寞的表情。

「跟我一起唱吧，當我用這首歌歡送妳。」

她牽起我的手，唱了《與作》和《再見南國》。從中午到傍晚，阿嬤就這樣一直陪在我身邊。

「我們不會輸的。妳要再來喔。」

「我不會輸的。」

這是我跟她的約定。

這位阿嬤現在已經不在了。二〇一四年六月八日，她嚥下最後一口氣，享壽九十一歲。

講義被公開、在特會成員遭到逮捕

在我前往韓國的期間，情況也在持續變化。在特會將他們錄下的影片上傳到他們的網站「在特會 大和魂」上，標題為「有關七月七日考試問題的確認」。教育委員會跟他們談過幾次，卻似乎不了解這個團體。在特會就是一個反社會的團體，目的是造成學校的混亂，跟他們講道理根本行不通。

我透過工會，要求教育委員會不要讓他們直接來學校。因為校長跟教育委員會都拒絕將我的講義交給他們，他們想出了下一個作戰計畫，也就是根據《資訊公開條例》來要求公開講義。他們表示，教育委員會主張只要是發放給學生的印刷品，從教材到班報都屬於官方文件，那既然是官方文件，如果有人要求公開就必須得公開。

當我從韓國回到日本，講義已經被公開了。

「跟在特會談判的時候，如果沒有平井老師的教材，就沒辦法跟他們對話。」因為管理階層這樣對我說，我才將教材講義交給他們。由於教育委員會手上並沒有我的講義，是校方管理層將講義交給了教育委員會，而整個過程我毫不知情。

講義公開的隔天早上，媒體刊出以下的報導：

干擾朝鮮學校上課　在特會幹部四人遭逮捕

針對不允許在日特權市民會（在特會）等成員反覆以巨大音量進行侮辱性叫罵，被認為干擾京都朝鮮第一初級學校（京都市南區）課堂的事件，京都府警察在十日，以強行妨礙業務、名譽毀損、違反暴力行為等處罰法（集體損毀器物）等罪嫌逮捕幹部等四人，並針對東京都內的在特會辦公室及會長住家等十二處發動居家搜索。（下略）（《每日新聞》二〇一〇年八月十一日）

這篇報導中提到一位攻擊我的成員的名字。不知道是不是因為這樣，他們企圖用公開資料來攻擊我的計畫失敗了。然而，流出的講義卻在意想不到的地方，被用於之後對我的攻擊。

二〇一二年，就在我幾乎要忘記在特會的攻擊時，我的講義出現在市議會的三月會期當中。一位市議員拿出《產經新聞》一月三日的報導，內文提到，大阪府羽曳野市的一所市立國中使用了一份關於強行擄走朝鮮人的學習教材，教育委員會認為這份教材含有教科書中沒有記載的內容，因此並不恰當，並指示校長回收教材，而校長也進行了回收。市議員接著說：「這樣的事只發生在羽曳野市嗎？還有其他地方，這是兩年前，市立國中某位老師在歷史課堂中實際使用的講義。」

現在我們知道兩年前被公開的講義去了哪裡。這究竟意味著什麼呢？

議員提出八點質詢，分別為：（一）在歷史課上使用西曆、（二）年號與天皇權威的關係、（三）亞洲太平洋戰爭的稱呼、（四）平頂山事件的真偽、（五）南京大屠殺、（六）「支那」是否為歧視性用語、（七）針對製作講義的老師的處置、（八）補充教材的檢查。

教育委員會則在回應時表示「大方向上沒有問題」，但仍然留下這樣的質詢紀錄：「我們已經針對補充教材的使用方法、課程進行方式、學生的反應等，對該名教師做了事實確認和指導，並再次指導其在處理具爭議或歷史評價尚未定論的事件時，必須謹慎應對，並嚴格管理講義等所有補充教材。」

雖然教育委員的做法是為了平息事端，但在回應當中，我看起來必須「接受指導，且製作的講義需要被嚴格管理。」不知不覺中，我也成為每次校方管理層交接時，受到特別關照的教師。

「如果持續這樣遭受攻擊，我是不是沒辦法繼續在公立學校教課了啊？」

有時候我也會展現出脆弱的一面。無論是誰，如果三番兩次遭到攻擊，都會變得脆弱，也會逐漸失去對教育的熱情。

所幸這時，總是學生和家長在支持著我。有家長看了在特會的網站後，向校長說：「不可以讓在特會進入學校，要拒絕他們的要求，請保護平井老師。」

「我可以這樣繼續當老師嗎？」每當我失去自信、心灰意冷的時候，家長們的心意總會帶給我溫暖。正因為這些都是應該教、值得教、不能不教的內容，我要繼續教下去，不向壓力屈服。

第五章

老師，我們還沒要上「慰安婦」的課嗎？

「『慰安婦』的課上了嗎？」

「平井老師，『慰安婦』的課已經上了嗎？」

「啊？還沒上喔。」

「之後會上嗎？」

「預計會上，怎麼了嗎？」

「沒有啦，聽說有市議員透過教育委員會詢問。」

「又來了喔？」

「嗯，又來了。但我們本來就想平井老師應該會上。」

「也不是我固執啦，但河野談話裡也有提到啊。我認為我們有責任要教。」

「對啊，有河野談話也有村山談話。好好設計一下還是可以教的。那我跟他們說『還沒上，預計會上』。」

二〇一三年五月，校長突然來找我。詢問的市議員正是對我的課堂貼上偏頗的標籤，並且在議會中提出質疑的人。國三的近現代史課堂，對這位議員來說是絕佳的攻擊材料。如果自己的課堂屢次遭到攻擊，一般很容易喪失鬥志。但是我不願意就此放棄。別人很常問我：「為什麼遭受這麼多攻擊，還要繼續教這些課程呢？」但對我而言，在課堂上提及

「慰安婦」問題，是教亞洲太平洋戰爭時再理所當然不過的事，根本沒有「不提」這個選項。每次我受到攻擊，校長和教育委員會都得被迫回應。他們或許對我總是成為議會中的焦點感到頭痛，但他們從來不曾要我「不要上『慰安婦』的課」。當然，他們會要求我要「正反並陳」、「多面向多角度」、「確保教材內容平衡」、「特別小心謹慎」，但從來沒有干涉我的教學內容。這是因為他們堅持，教學課程的編纂權應該屬於學校、屬於有專業的教師。[1]

可能是我人太好，當時我還期待批評我的議員來旁聽我的課程。我想說不定讓他旁聽之後，可以建立對話的基礎。我也曾數度拜託校長說：「請您跟該位議員說，讓他來旁聽平井的課」，但從來沒有實現。如果他來聽過課程，那我願意接受任何討論，但沒聽過怎麼能夠批評呢？校長針對「慰安婦」的課程，一方面提醒我要「特別謹慎小心」，但一方面也很支持我的教學。校長長年在教育委員會努力耕耘，二〇一二年議會提出我被公開的講義時，他正好在教育委員會回應質詢。雖然他使用了「指導」這個字眼，但最後化為防波堤保護了身處教學現場的我。他是一位相當重視教師的自主性，也很尊重教學課程編纂

1 作者註：在「學習指導要領解說・總則篇」中，如此說明教學課程的編纂權：「為達成學校教育的目的和目標，根據兒童的身心發展，並配合課堂時數，綜合性地組織教學內容，形成的學校課程計畫。」

的學術專業的人。

「老師，我們還沒要上『慰安婦』的課嗎？」

二〇一三年五月十三日，當時的大阪市長兼日本維新會共同代表橋下徹發言表示：「任何人都知道『慰安婦』制度是必要的」、「我們期待（美軍陸戰隊）使用性產業」，這番言論被視為侵犯人權，不只在國內，在全世界都引發許多抗議和批判的聲浪。為了讓孩子們關心社會，每次我都會在社會科的定期測驗中出時事題。我在期中考將這番言論出成時事題，答對率超過平時的一半左右，達到百分之八十七，可以看出孩子們十分關注這件事。

然而，孩子們雖然知道媒體上正在激烈討論「慰安婦」議題，對於「慰安婦」卻幾乎一無所知。只是記住了相關字詞以應付時事考題而已。

我在走廊上行走時，班上的廣樹突然叫住我。

「老師，我們還沒要上『慰安婦』的課嗎？」

「你有興趣嗎？」

「嗯，我很在意那個發言。」

「你跟其他人聊過了嗎？」

「雖然橋下的發言引發很多問題，但大家還不太了解『慰安婦』。」

「你了解嗎？」

「我也不太清楚細節，所以才想知道。」

廣樹是個認真到會被大家調侃，但正義感十足的足球少年，非常關心社會問題。廣樹會期待「慰安婦」課程並不令人意外，但連教室裡都在討論這個話題，讓我不禁感受到大家真的很關心橋下市長的發言演變成社會焦點這件事。對我而言，他的言論不僅令人憤怒，更是身為一個人所無法原諒的。也因此，我參加了抗議集會等行動，和許多同感憤怒的人一同站出來發聲。然而，如果帶著憤怒來教學，那不過是在發洩我個人的情緒而已。就在我思考要設計怎樣的流程來上這堂課時，廣樹的話從背後推了我一把。

我在課堂中使用的資料如下：

（一）金學順女士提起訴訟時的照片
（二）李玉善女士的證言
（三）慰安所設置地點的地圖
（四）河野談話
（五）星期三示威與前「慰安婦」們的訴求

我給大家看曾是「慰安婦」的金學順女士的照片，告訴大家她在照片裡提起的訴訟內容，並說明因為她實名揭露身為「慰安婦」的過往，使得「慰安婦」問題廣為人知。接著我讓孩子們讀李玉善女士的證言。她十五歲時被迫在一家酒館工作，在外出買東西時被兩個男人抓住，押上一台大卡車。她跟年紀相仿的少女們一起被帶到日軍的飛機場，之後被送到慰安所，取名叫「Tomiko」。平日時她被迫跟十個人發生關係，假日時對象則多達三十多人。她曾經看準時機逃跑，但被日本軍抓到，遭到皮帶鞭打，不只蕁麻疹發作，牙齒還被打斷。她一邊遭受毒打，一邊被逼問「看妳還逃不逃？」但剛強的她回嘴說：「我還會再逃。」又招來日本兵一遍遍的鞭打。即使如此，她還是不願聽從日本兵的話。

學生們一邊解讀她淪為「慰安婦」的過程，一邊思考她被迫做了哪些事、身在怎樣的處境之下、慰安所位於怎樣的地方，以及是否有逃跑的機會。女孩們的神色漸漸變得黯然。

在閱讀河野談話前，我說明了日本政府釋出談話前的應對。在這次的課堂上，我決定讓大家讀河野談話的全文，而非節錄過的部分段落，為的是讓大家讀到政府承認了什麼、反省了什麼，以及承諾會做到哪些事。孩子們發現，文中大量使用「違背意願」、（軍方）「參與其中」、「要求」等詞語，文末也承諾會在歷史教育中告訴大家這件事。河野談話中明確提到，被迫淪為「慰安婦」的少女們以各種各樣的方式被帶走，在無法逃跑也無法拒絕的狀況下，遭到許多士兵蹂躪。

最後我介紹了星期三示威，希望大家思考她們的訴求為何，針對女性們長年來未能講出親身經歷，但終於開口述說這件事，我也詢問大家有怎樣的看法。

女生們提出各種意見，包括：「我認為出面說自己曾是『慰安婦』是一件很令人難堪的事。」「想到周遭的人會怎麼看待自己，應該很難說出口。」我問：「那她們為什麼公開出面呢？」學生們則說出「因為日本政府不願承認『慰安婦』的事是日本的責任」、「不希望這樣的事再次發生」、「想要恢復自己的名譽」等意見。問答中可以看到學生們痛苦、憤怒、困惑，以及喪氣的表情。孩子們真情流露的模樣，證明他們相當投入這一堂課。

即使是在戰爭中，有些事還是不可原諒

男孩們則一片沉默。

上「慰安婦」課程時，男生們總是表現得像別人家的寵物，顯得拘謹而不自在。可能是因為感到尷尬，有些人反而開始打鬧嘻笑。這也是老師們在上「慰安婦」課程時感到猶豫的原因之一。老師們需要做足準備，避免讓學生感到尷尬。必須光明正大的討論。國中

階段是思考性的問題最重要的時期。正因為如此，我們希望能重視孩子們的感受。孩子們可能因為喜歡上某個人而心動、感到悲傷，或者重視對方。我們希望大家從這些感受出發來思考。

我的課堂並沒有預設的結尾。課堂結束在哪裡端看孩子們的反應，因此根據班級不同，課堂也會結束在不同的地方。這次我只預計教到星期三示威，剩下的我會觀察班上孩子們的表情，看他們「是否想知道更多？」「想知道什麼？」「對什麼有興趣？」

班上的廣樹曾問過我：「我們還沒要上『慰安婦』的課嗎？」我想著他一定會在最後提問，果然如此。

「我們該怎麼看待橋下市長的發言呢？」他拋出了這個問題。

「這題由我來回答很簡單，但這樣就沒辦法讓大家思考了。從這裡開始是大家思考的時間。話又說回來，你自己怎麼想呢？」

他搖了搖頭。

「看來要思考這一題，我們還需要多一點材料。」我一邊說，一邊給大家看了幾個材料。當然，我已經預料到會有人提出這個問題，並事先準備了材料。

- 在美國和英國，士兵可以休假。有些士兵仍犯下強暴行為，但都受到軍方嚴懲。
- 就目前所知，除了日本以外，只有德國曾經設立像日本一樣由軍方管理的「慰安所」。

•一九二〇年代，人口販運就已經受國際條約禁止，日本的「賣身」違反國際法。

我介紹了當時在中國戰場買過「慰安婦」的士兵的證詞，有男生提問：「當時所有士兵都去了慰安所嗎？」

「我才不想去那種地方。」

「如果是在當時，我說不定會去。」

男生們陸續說出自己的意見。於是我又分享了一位士兵的短歌，說明有些士兵並沒有去慰安所。

「個個士兵／都按階級列隊／如此庸俗低劣／索求著慰安婦」

「有些士兵／仍不願前往慰安所／拒絕虐殺／讓人鬆一口氣」

「形同羈押未審／終身被囚的士兵／現在無情踐踏／慰安婦的生命」[2]

男生們的表情看起來鬆了一口氣。

我問他們：「你們是否覺得，因為是在戰爭中，所以有些事是『不得已』的呢？」

有人說：「即使是在戰爭中，有些事情還是不可原諒。」

2 參見渡部良三《歌集　小さな抵抗　殺戮を拒んだ日本兵》，岩波現代文庫，二〇一一年。

我彷彿聽到孩子們發出「唉」的嘆息聲。

以下分享學生們的感想：

〔A〕如果是我，我想不管經過幾年，我都不會公開表明自己曾是「慰安婦」。但我仍然認為，能夠公開現身，要求日本政府謝罪、告訴大家當時發生的事，這真的很需要勇氣，也非常地了不起。（政府）不承認這是國家的制度、長年以來無視這件事的存在，真的讓人很生氣，橋下市長毫不在意地說出那種話，也讓人難以置信。

〔B〕一直以來我們聽了很多廣島和長崎的事，但我認為我們也必須同時教導大家日本犯下的錯誤。因為我們必須知道包括「慰安婦」和侵略中國等等所有這些事情，才稱得上是理解日本戰爭的歷史。

〔C〕當今的日本人當中，有些人認為因為是在戰爭中，所以發生這些事也是「不得已」的。但如果我站在他們的立場，會覺得明明就是政府擅自發動戰爭，說「不得已」很奇怪。

〔D〕從頭到尾我們都不需要什麼「慰安婦」。我實在無法理解當時的做法。是我的話我才不要。

〔E〕聽到「不得已」這樣的說詞，我很懷疑當今的日本男性是不是跟以前的日本男性沒什麼兩樣。

〔F〕有些人認為，為了讓戰爭持續下去，這個做法有其必要，但這是不對的。日本士兵的人權不被重視，而受害的女性們的人權也不被重視。這怎麼會是對的呢？

〔G〕我覺得日軍甚至沒有把「慰安婦」當人看。我認為，為了打勝仗這是不得已的事，但我還是會想，難道就沒有別的辦法嗎？

不管上過幾次課，「慰安婦」議題永遠都是很難教的主題。每次要上「慰安婦」的課時，我都會感到緊張。因為如果我自己態度不夠認真，孩子們也會感受不到我想傳達的內容。但老師如果太單刀直入，也會讓孩子們變得消極而畏縮。平常吵鬧的男孩們很容易意識到這時不適合亂說話，而變得不知所措。因此，在「慰安婦」的課程中，我希望能夠在向大家提問時，觸及青春期女孩和男孩們對戀愛青澀而純粹的情感，以及他們想要珍惜喜歡的人的心情。

「現在請每個人試著想想自己喜歡的對象，然後再試著想像一下，這些十五、六歲的少女，她們沒有機會經歷心動的感覺和美好的戀愛就被人糟蹋，她們是抱著怎樣的心情活過來的。」

在我們班上，女生們聽得很專心，而平常喜歡嬉鬧的男生也用有點抱歉的表情靜靜聽著。

很多孩子的感想都在討論這到底是不是不得已的事。如同原先的預期，雖然為數不多，仍然有些人認為這是沒辦法的事。男孩們積極表達意見。這是因為，「不得已」這個說詞，本身就是從男生的立場來合理化戰場上士兵的行動。因為這個說詞，對男生們而言，「慰安婦」從戰場上女性遭受的傷害，變成與自身切身相關的問題。男生們開始思考「如果當時上戰場的是自己會怎麼樣」，同時，戰場上的自己跟當下的自己之間也開啟了對話。在此之前，女生們已經和可能被迫成為「慰安婦」的自己相互對話，對當今阿嬤們的行動產生共感，並嘗試理解她們的想法。這一次，男生們也不得不面對「對士兵而言，慰安所是否有其必要」的問題。被迫成為「慰安婦」的女性，以及使用「慰安所」的男性——學生們從這兩個面向都進行了思考。

我深切感受到，「慰安婦」這一課所教的不只是戰爭的歷史，更是活在當代的我們必須面對的課題。

第六章

真正的「和解」是什麼？

——國中生開始思考

對突如其來的日韓協議感到詫異

二〇一五年十二月二十八日，韓國與日本的外交首長會談後，突然發表了有關「慰安婦」問題的日韓協議。看到新聞的時候，我驚訝到幾乎要站不穩。安倍首相和朴槿惠總統沒有出面，而是以外長的層級來公布消息。作為一個解決日韓間長年歷史認識問題的協議，怎麼看都顯得倉促而粗糙。

日韓協議中，兩國政府使用了「最終且不可逆的解決」這樣的措辭，企圖就此為「慰安婦」問題劃下句點。岸田外相引述安倍首相的話：「在軍方的介入之下，我們傷害了許多女性的名譽和尊嚴。日本政府深感自己的責任。安倍首相表達由衷的歉意及反省之意。」這段話聽起來似曾相識。其實不就是河野談話當中的一段話嗎！安倍首相不用自己的話來表達，而只是照抄了河野談話的一段話。那安倍首相到底在跟誰道歉呢？根據報導，他在電話裡向朴槿惠總統說：「對於經歷了無數痛苦，身心遭受難以癒合的傷害的所有人，我想表達由衷的歉意及反省之情。」

我的腦袋一片空白。這樣的協議令人難以接受。我完全不認為這次的日韓協議可以根本解決日軍「慰安婦」問題。這不只拋棄了受害者，還將「慰安婦」問題限縮為韓國的問題。然而，確實也有不少人認為，日韓協議算得上某種程度的成果並表示歡迎。

二〇一六年，我該如何在亞洲太平洋戰爭這個單元裡教這件事呢？我希望學生將它視為當下正在發生的問題，而非只是當成歷史事件來思考。這個問題的背後應該有其政治意圖。如果是針對大人的讀書會，我們可以進一步談及政治問題，如安倍政權的意圖及其與美國的關係，但在教室裡不能這麼做。直接談及這次「日韓協議」的政治面向，可能會讓討論集中於政治情勢，並停留在政治批判，而非學習「慰安婦」問題。我每天都在思考，我們可以上怎樣的課？隔一年，我以與談人身分，與吉見義明、齋藤一晴一起參加了二〇一六年五月十四日於一橋大學舉辦的「慰安婦」問題研討會，並報告了至今為止的「慰安婦」教課情況。齋藤一晴一直以來都在高中和大學教導「慰安婦」課程，我從他的報告中得到靈感，以「和解」為關鍵詞來思考，決定在下一次「慰安婦」的課堂中，與孩子們一起，從「日韓協議」來思考「和解」。

憤怒、悲傷、懊悔……沖繩又有女性犧牲

二〇一六年的新學年，歷史課比想像中進度還落後，到了四月才總算進到亞洲太平洋戰爭的課堂。[1]就在我準備開始談到「慰安婦」的五月十九日，沖繩縣URUMA市（うる

1　作者註：中學歷史份量較多，近現代史的進程通常到三年級第一學期中段為止。

ま市）失蹤的二十歲女性遺體在恩納村的山裡被找到。當我從新聞報導得知四月有沖繩女性失蹤時，心裡就有的不祥預感成真了。被逮捕的嫌犯是前美國海軍陸戰隊隊員。嫌犯強暴了出門慢跑的被害者，將她殺害之後遺棄在山裡。

我的內心充滿了憤怒、悲傷和懊悔。

「為什麼我們沒辦法阻止這件事？」

「為什麼同樣的事一再在沖繩發生？」

答案呼之欲出。

「因為軍隊。」

有軍隊的地方，就有性暴力。這一點我們已經學到無數次了，不是嗎？

在沖繩，許多人都感受到：「受害的有可能就是我。」

受害的有可能就是我，也有可能就是我的姊妹、我的女兒、我的另一半、我的朋友。

被殺害的女性正好出生於一九九五年，也就是小學生遭美軍強暴的那一年，距今已過了二十年。受害的女生及她的家人，都在期待迎接成年禮的到來。我的心因憤怒和悲傷而碎裂。我也在課堂上分享了這個事件。我拿著沖繩的報紙對大家說：

「請大家看看這個報導！又發生了這麼讓人難過的事情。這件事是發生在沖繩，雖然大阪的媒體沒有大篇幅報導，但沖繩當地的報紙做成了號外。這位女生只不過是晚上出去慢跑而已。在我們住的地方，如果晚上出門慢跑，會像這樣遭受士兵的暴行，遭到殺害嗎？我們住的城市是這麼危險的地方嗎？這個女生不過是做了我們平常都會做的事，就遭到殺害。她有錯嗎？晚上出去跑步的她有什麼錯？目前還不確定嫌犯是不是真正的犯人，之後會進行審判。但目前所知的是，被逮捕的嫌犯是前美國海軍陸戰隊的士兵。我希望大家想一想，為什麼會有士兵犯下這樣的罪行。」

我一口氣說了這些話，孩子們則投以認真的眼神聽我說。看到這則新聞後，我想我無論如何都要跟孩子們談這件事。

聽說六月十九日將要舉辦「譴責前海軍陸戰隊員殘暴的野蠻行為！追悼受害者，要求海軍陸戰隊撤退的縣民大會」，坐立難安的我選擇直接飛到沖繩。那時候的沖繩的梅雨季剛結束，艷陽毫不留情地刺痛肌膚。許多人比原定的開始時間更早就抵達活動會場「奧武山田徑競技場」。我跟來自各地的夥伴們重逢後坐在最前排，可以清楚看到台上的人們沉痛的表情。集會以古謝美佐子的《童神》開場。歌詞唱道：「我的孩子啊，請健康成長吧，暴風來襲時我會保護你」，許多人聽了都流下眼淚。現場瀰漫著悲傷的氣氛。與以往的集會不同，這次的集會在一片安靜當中夾雜著悲傷、憤怒、煩悶的情緒。參加者除了帶著對海軍陸戰隊的憤怒，同時也與其他參與者共享了「為什麼沒辦法阻止這件事？我們至今為止做了什麼？對受害者相當抱歉」的心情。受害者的父親給大家帶來一段話：

在美軍士兵、軍屬引發的許多案件與事故當中，我的女兒也淪為了其中一位受害者。為什麼是我的女兒呢？為什麼她得遭到殺害呢？

我想，其他的受害者家屬跟我有同樣的心情。受害者的悔恨化為數不盡的悲傷、痛苦和憤怒。

即便如此，家屬只是一心一意希望受害者能夠安息。為了不讓下一位受害者出現，所有基地都應該撤出。我反對在邊野古建造新基地。我認為只要縣民團結同心，一定能辦得到。身為縣民也身為名護市民，這是我最大的期盼。

情況與一九九五年相比毫無改變。無論沖繩人如何聲嘶力竭地呼喊，政府對他們的聲音總是充耳不聞。想到沖繩從戰後就持續遭受來自美軍的性暴力，許多女性受害後只能默默忍受，沒有獲得任何補償，犯罪者也未受到懲罰，我被迫面對一個事實：強迫沖繩人和女性們承受巨大犧牲的不僅僅是日美兩國政府，我們這些本土的人也有責任。

必須教導孩子們軍隊與性暴力不可切割。身為一名教師，在歷史課教導「慰安婦」、在公民課教導日美安保與基地問題就是我必須做的事。我必須消化（昇華）自己心中的憤怒，才能夠冷靜地設計課程。在二〇一六年的「慰安婦」課程中，我決定以日韓協議與沖繩女性受害事件作為課程的起點。

真正的「和解」是什麼？

課程從日韓協議開始，首先來讀讀看報紙。

一、閱讀報紙內容，解讀日韓協議取得了哪些共識？安倍首相為了什麼而道歉？日本政府承認了哪些事？打算如何解決？前「慰安婦」們的感受為何？

二、閱讀李玉善女士的證詞，理解她是在怎樣的情況下被帶到慰安所，在那裡被強迫做了哪些事、生活的狀況為何，並思考「強制」一詞的意義。

三、介紹《沖繩時報》和《琉球新報》的報導，讓大家知道軍隊駐紮的沖繩發生的性暴力事件。想一想海軍陸戰隊員是怎樣的人？亞洲太平洋戰爭中的日軍士兵又是如何？

四、看看河野談話裡寫了怎樣的內容？跟安倍首相的道歉比較看看。

五、介紹德國柏林建有「歐洲被害猶太人紀念碑」、猶太博物館，以及德國學校裡讓大家思考希特勒時代的課程。問大家為什麼德國要做這些事。

最後讓大家選一個主題，寫下自己想到的事。我選了以下三個主題：

「因為是在戰爭中，『慰安婦』的存在就是不得已的嗎？」

「如果自己是當時的人（成為『慰安婦』或日本兵）會如何？」

「要達成『和解』需要什麼？」

位於德國柏林市中心的歐洲被害猶太人紀念碑。（圖片提供：梅田紅子）

課堂結束後，我請學生們就這三個主題擇一寫下自己的意見，結果四個班級總共一百三十七名學生中，有五十九位學生選擇寫「和解」這個主題，占百分之四十三。孩子們在看到新聞時，甚至還不知道「慰安婦」的存在。可以說因為這堂課，他們第一次了解到實際情況，並進一步思考日韓協議。

從他們的意見中，我們能夠讀到怎樣的想法呢？

〔A〕我認為如果日本跟韓國真的要和解，不應該透過賠償金等手段，而是應該發自內心道歉，並以建立紀念碑等方式，將這件事傳承給後代。「慰安婦」們背負的傷痛絕不可能消失，因此我認為，日本必須思考並落實「慰安婦」們可以接受的解決辦法。戰爭結束至今過了七十一年，還有人對日本感到如此憤怒和悲傷，甚至還舉行集會，這證明了日本並沒有反省。雖然日本道了歉，但也只是透過一通電話，還有河野首相一個人的發言，我認為所有人都必須反省並打從心裡道歉。我們應該要持續告訴大家，避免再犯同樣的錯誤。

〔B〕我想這些事對於「慰安婦」而言，是非常痛苦的經歷。特別是違反意願的部分，一直在我心裡揮之不去，想到日軍真的做了這些事，我就感到相當可恥。基於這樣的歷史，我認為如果韓國跟日本要能真正和解，重要的是由日本的代表出面承認發生過的事，並跟「慰安婦」們對話。除此之外還需要發表韓國國民能夠接受的演說，最重要的是，絕對不能掩蓋發生過的事情。（男同學）

〔C〕「慰安婦」問題中，女性們的經歷光聽都讓人覺得痛苦不堪，聽到這些女性提出了七項訴求，我認為每一項對於達成和解都非常重要，而其中又以來自日本議會的道歉最為重要。實際上現在還有五個人要求道歉，因此如果日本不承認錯誤並且道歉，事情就不會有任何進展。另外我也覺得，就算達成了和解，持續將這件事傳承給後代還是很重要。

〔D〕要達成真正的和解，只有目前外長間的和解當然是不夠的。和解真正的意義，是日本要採納「慰安婦」問題中真正的受害者，也就是前「慰安婦」們所能接受的應對方式。日本應該在她們過世之前，盡快實現她們所有的要求，日本政府也應該以官方立場道歉。以這個問題的重要程度，我們這一生，甚至到人類滅亡之前都必須傳承下去。（男同學）

〔E〕我認為如果要達成真正的和解，日本政府應該要正式道歉，也應該最大程度接受受害者的訴求。我也認為，我們應該像保留原爆圓頂館的遺址一樣保留一個空間，讓這個記憶作為地球及人類的負面遺產不被大家遺忘。最後，政府的代表也有必要打從心底道歉。（男同學）

〔F〕我認為應該做的是與前「慰安婦」受害者直接見面對談，進行充分的討論直到她們能夠接受，並且盡快實現她們的訴求，進行調查、整理成報告書後交給受害者。我認為有必要持續調查，直到受害者能夠接受為止，並且只有當她們能夠接受，和解才算是真正的和解。此外，我也認為必須在教育當中教導事件的真相，要做到這件事才能正式達成和解。（男同學）

〔G〕我認為日本政府應該與前「慰安婦」見面對談。日本在戰爭的和解上作為很少，我希望日本可以向其他國家學習。現在沖繩也有很多人遭受性暴力的傷害，我認為這些問題應該跟戰爭的和解問題一起得到解決。

〔H〕我認為日本政府必須像德國一樣，對前「慰安婦」們正式道歉，並且為了不要再犯同樣的錯，由日本方建立紀念碑，並由日本國民向下個世代傳承這件事。前「慰安婦」們受了很深的傷，雖然這些作法並不足以彌補她們受的傷害，但我想還是可以盡可能地研究，查明對前「慰安婦」們做的事，不要隱瞞真相並持續將這件事傳承下去，也可以拜訪前「慰安婦」們並傾聽她們說的話。

〔I〕日本政府只對韓國政府表達了道歉和反省之意。若只有這樣，日本跟韓國是不會達成和解的。日本政府應該對前「慰安婦」本人道歉。此外，針對星期三示威當中對日本政府提出的訴求，日本政府也應該接受。除了「慰安婦」問題外，前日軍在亞洲各國進行侵略，殺害了許多人，日本政府也應該正視這個問題，並將歷史上發生的事情當成教訓，不只對亞洲各國，也應對世界各國都表達不再重蹈覆轍的強烈決心。（男同學）

〔J〕如果要達成真正的和解，我認為犯錯的日本應該盡可能展現誠意，以國家的力量解決受害者提出的訴求，因為日本與韓國是隔海相望的鄰國，未來要相處的時間還很長。因此，針對「慰安婦」問題，日本應該在不久的將來負起責任，並且將這個悲慘的事件傳承給後代。（男同學）

〔K〕首先我很懷疑是否能夠達成和解。前「慰安婦」們或許可以正式表達原諒，但在心中絕對無法原諒，而且做過的事也已經無法挽回，老實說我認為就算道了歉，也不能真正達成和解並且解決這個問題。但我們可以將「慰安婦」問題當成教訓，不讓其他人再像李玉善女士一樣經歷痛苦，我認為或許這才是對「慰安婦」們最大的道歉。

〔L〕要達成和解需要「慰安婦」們一起參與。因為日本真的對「慰安婦」們做了很過分的事，一想到如果是我站在「慰安婦」的立場，我就覺得很恐怖。日本對「慰安婦」們做了這麼過分的事，如果道歉不是真心誠意，那就算道了歉也沒有任何意義。如果日本政府是真心感到抱歉，直接向「慰安婦」們道歉並達成和解，才是日本政府應該採取的行動。

〔M〕除了承認受害者曾是「慰安婦」的事實、道歉並支付賠償金之外，正如老師所說，如果要解決這個問題，應該由日本政府的代表親自去見「慰安婦」們，一一向她們道歉，並詢問「慰安婦」們想要怎麼討論並解決這個問題，而非只在政府間討論。如果不這麼做，這件事會在政府間的協議當中了結，並以「慰安婦」們無法接受的方式結束。

〔N〕我認為應該跟李玉善女士她們會面，並且好好跟她們對談，不聽受害者的意見是沒有意義的。我希望用李玉善女士她們能夠接受的方式解決。這是日本在我們出生前犯的錯，但我希望我們不要忘記這件事，並且可以向德國一樣建立紀念碑。

〔O〕我認為如果邀請「慰安婦」們來日本，讓她們看看現在日本在進行怎樣的教育，並且讓日本議會直接正式道歉，就可以達成真正的和解。這件事明明百分之百是日本的錯，我不懂為什麼不能馬上道歉。如果日本再次發動戰爭，難道真的不會發生「慰安婦」問題嗎？嘴上說說大家都會，但從情況來看，我覺得同樣的事還會再次發生。我想前「慰安婦」們可能也跟我一樣。我認為不能維持現狀。（男同學）

〔P〕我認為要讓戰爭中被迫淪為日軍性對象的「慰安婦」，與讓她們遭遇這些事的日本達成和解，是非常困難的。就算實現「慰安婦」的全部七項訴求，我也不認為能達成真正的和解，因為她們一輩子都不可能忘記日本兵對自己做過的事。我認為重要的是，所有國民都應該理解「慰安婦」的事，並且大家一起發誓「不再犯同樣的錯」，並且建立紀念碑，將這件事傳遞給未來的孩子們，讓所有日本人一輩子都不會忘記這件事。

〔Q〕剛開始政府不願意承認，甚至想掩蓋這些事，實在不可原諒。但女性們要求道歉，並且讓政府承認這件事。我認為重要的是，在已經承認這段歷史的基礎上彼此接納，並將「絕不重蹈覆轍」的想法傳遞下去。了解到性暴力現在仍在發生，這讓我感到相當恐怖。戰爭會改變人格。我希望以後再也不要發生這樣的事。

〔R〕「真正的和解」根本不可能達成，只能找出彼此能夠妥協的點來進行「和解」。可以在考慮得失後，讓彼此的利益和損失達成平衡，或者由其中一方得到利益或承擔損失，並將之視為「和解」。這樣做比較簡單也比較好。如果要「真正達成和解」，應該傾聽女性們所有的訴求，承擔損失並讓事情盡快落幕。但感覺政府要到女性們死後才會有所行動，因為這樣比較輕鬆。

有關日韓協議，幾乎所有學生都提到「沒考慮到當事人」的問題。如同學生D寫道：「要達成真正的和解，只有目前外長間的和解當然是不夠的。和解真正的意義，是日本要採納『慰安婦』問題中真正的受害者，也就是前『慰安婦』們所能接受的應對方式。」學生的立場多半認為，將事件的當事人，也就是真正的受害者——前「慰安婦」們棄之於不顧；不直接聽她們說，也不考慮她們是否接受，這樣根本不可能達成「和解」。學生們針對日韓協議的想法，則可見於D和E「政府的代表有必要打從心底道歉」這句話當中。

針對達成「和解」的方法，學生B寫道：「由日本的代表出面承認發生過的事，並跟『慰安婦』們對話」、學生C和J提到「傳承給後代」、學生A、H和N提到「應該建立像紀念碑這樣的東西」，F、P及其他許多學生都提到「必須在教育當中告訴學生事情的真相」、「將這件事傳遞給未來的孩子們，讓所有日本人一輩子都不會忘記這件事」，學生H說：「可以盡可能地研究，查明對前『慰安婦』們做的事，不要隱瞞真相並持續將這件事傳承下去」、學生I則寫道：「日本政府也應該正視這個問題，並將歷史上發生的事情當成教訓，不只對亞洲各國，也對世界各國都表達不再重蹈覆轍的強烈決心。」

針對道歉的方法，學生M提到「應該由日本政府的代表親自去見『慰安婦』們，一一向她們道歉，並詢問『慰安婦』們想要怎麼討論並解決這個問題」，認為有必要對每個人道歉，並用前「慰安婦」期待的方式來實現，而不是在國家之間進行。

另一方面，針對日本的態度，也有人提出「究竟『和解』是否可能？」這樣的疑問。學生K和R都對政府的態度表示懷疑，但他們並沒有就此放棄，而是認為有責任將這個問題當成教訓，傳承給下一代讓錯誤不要再次發生。學生L則對這次政府的道歉表達嚴厲的批評：「如果道歉不是真心誠意，那就算道了歉也沒有任何意義。」

有些學生則因為這堂課拓展了自己關注的面向。例如在聽說沖繩女性遭到強暴殺害的事件後，G和Q的意見提到：「現在沖繩也有很多人遭受性暴力的傷害，我認為這些問題應該跟戰爭的和解問題一起得到解決」、「了解到性暴力現在仍在發生，這讓我感到相當恐怖」。有些學生則擔心日本可能會再次發動戰爭，屆時同樣的事可能再次上演，並以此為思考的起點，例如O就提到「如果日本再次發動戰爭，難道真的不會發生『慰安婦』問題嗎？但從情況來看，我覺得同樣的事還會再次發生。」。

雖然這堂課只有一個小時，但許多學生都以在亞洲太平洋戰爭所學到的內容為基礎，表示「這是日本全體國民應該思考的問題」、「身為下一代要認真對這個問題採取行動」、「必須跟北韓、南韓及中國的人民達成和解」，將這個問題視為活在當代的我們所必須面對的問題，而非政府層級的問題。可以看出，許多學生都認為「和解」應該發生在人與人之間，而非國家與國家之間，也認為特別重要的是看見每一位受害者。

第七章

無所畏懼地持續教「慰安婦」議題

教學現場籠罩在「揣摩上意自我審查」的風暴中

二〇一七年一月二十四日，得知ＮＨＫ久違地製作了「慰安婦」議題的節目，我帶著半擔心半期待的心情觀賞。節目「今日焦點+」提及韓國的「和平少女像」及日韓「協議」。標題是「韓國逐漸升溫的『少女像』問題首次發聲的前慰安婦」。只看標題就可以大概猜到內容，實際上我還是越看越緊張。節目中只提到日本政府反對設置少女像，強迫韓國履行日韓「協議」的立場，雖然節目宣稱有「當事人多元的聲音」，實際上卻只提到根據日韓「協議」獲得給付金，對設置少女像採取批判立場的聲音。此外，節目還使用了時間與內容不符的影像、只取用保守派的訪談，以此煽動對韓國的誤解和偏見。針對女性國際戰犯法庭[1]，二〇〇一年ＮＨＫ迫於政治壓力，被迫更改節目內容。從那之後，ＮＨＫ就再也沒有製作過有關「慰安婦」的節目。雖然相隔十六年再次提及「慰安婦」問題，值得一定程度的肯定，但也讓人覺得，節目製作時不得不揣摩日本政府的意向並進行自我審查，這樣的情況毫無改變。

ＮＨＫ屬於「公共播送」，在全國聯播，有很大的影響力。看到這個節目的人，是不是會認為日本政府有意積極解決「慰安婦」問題，卻因為韓國方拿這個問題來政治操作，導致遲遲未能解決呢？這不禁讓人擔憂，大眾對「慰安婦」問題的看法會有所偏誤，對前

「慰安婦」及長年支持「慰安婦」的公民團體也會產生更大的偏見和反感。「適可而止吧。到底要求道歉到什麼時候才會甘心」、「不是已經解決了嗎?日本已經展現誠意遵守約定,別再廢話了收下給付金」、「就是這樣才沒辦法相信韓國」、「趕快把少女像拆掉」。我很擔心節目會引發這樣的聲音。

照這樣下去,在教學現場可能會有越來越多老師,對於在課堂上提及「慰安婦」躊躇不前。

二〇一六年六月二十五日,自民黨在黨的官方網站發布「學校教育的政治中立性的實況調查」,並呼籲大家協助作答。網站上刊登的文字如下:

黨的文部科學部會正在彙整建議,要求徹底確保學校教育中的政治中立性,以追求不偏頗的教育。然而,教育現場中確實有一些教師主張:「教育的政治中立性是不可能的」或「不要將孩子送上戰場」,進行有損中立性的教育。當今的公民教育在教學現場具有重

1 編註:二〇〇〇年在日本東京九段會館舉行的女性國際戰犯法庭(Women's International War Crimes Tribunal),是審判日軍「慰安婦」性暴力問題的模擬法庭。由來自英、美的國際法學者擔任法官,南北韓、中國、台灣、菲律賓、印尼等受害國與日本的法學者籌組檢察官團,提起訴狀,明列各國「慰安婦」制度受害情況,並找來各國倖存者、專家出庭作證,最後做出日本國家及昭和天皇有罪的判決。

要的意義，如果進行偏頗的教育，可能會讓學生失去多面向多角度的觀點，我們黨擔心，在高中刻意進行模擬投票等政治色彩濃厚的偏頗教育，會將學生導向帶有特定意識形態的結論。因此，我們決定施行學校教育的政治中立性的實況調查，懇請各位參與。

這段呼籲的文字下方列出的填寫項目，包括姓名、姓名的假名（讀音）、性別、年齡、職業、服務單位／學校名稱（僅教職員需填寫）、電話號碼、傳真號碼、聯絡地址、電子郵件，以及有失政治中立性的不恰當具體案例（何時、在哪裡、誰做的、做了什麼、如何做），讓大家可以在網路上填寫。

這件事遭受許多批評，「不要將孩子送上戰場」的部分先是被改為「應該廢止安保相關法律」，後來這段文字也遭到刪除。然而調查仍然持續進行，並在七月十八日結束。呼籲大家參與調查的自民黨表示：「我們蒐集到相當多的案例，其中也包含違反《公選法》的案例」、「我們會將違法性較高者提供給文科省」、「違反《公選法》的問題應該交由警察處理」。

在調查期間，有一則報導提到調查造成的效果。名古屋市立中學的社會科老師，在教到參議院的課程中提到：「如果執政的自民．公明黨得到議會三分之二的席次，就可以啟動修憲的流程」，「這樣的話，發生戰爭時國民可能需要參戰」，引起爭議。市教育委員會判斷此發言「以《教育基本法》要求政治中立性的觀點來看並不恰當」，最後強迫老師跟學生道歉。這件事甚至上了新聞，帶給教學第一線的老師很大的震撼。雖然自民黨發起的呼籲告一段落，但已經在教學現場引起寒蟬效應。

聽到這個調查和發生在名古屋的事之後，想必不是只有我一個人覺得，該來的還是來了。這是一個鼓勵大家告密的呼籲，目的是創造一個如同戰前的告密社會。

之所以出現這種鼓勵告密的行動，是因為自民黨站在否定現行憲法的立場，認為現行憲法是被強加的，存在許多問題，必須修改憲法並制定自主憲法。基於這個想法，理所當然會認為教導現行憲法的理念，如和平主義、尊重基本人權以及國民主權的課程，就是偏頗教育，並應該成為指導的對象。那麼，難道塚本幼稚園要幼童背誦《教育敕語》，並在運動會的選手宣誓時，要求幼童說：「大人們，為了不讓日本輸給其他國家，請守護尖閣列

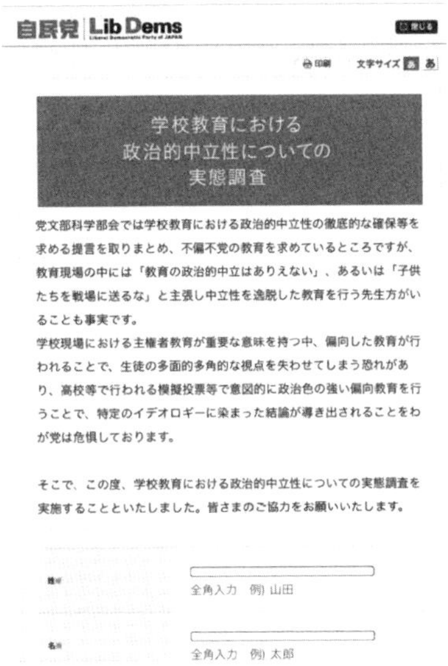
自民党 Lib Dems

印刷　文字サイズ あ あ

学校教育における
政治的中立性についての
実態調査

党文部科学部会では学校教育における政治的中立性の徹底的な確保等を求める提言を取りまとめ、不偏不党の教育を求めているところですが、教育現場の中には「教育の政治的中立はありえない」、あるいは「子供たちを戦場に送るな」と主張し中立性を逸脱した教育を行う先生方がいることも事実です。
学校現場における主権者教育が重要な意味を持つ中、偏向した教育が行われることで、生徒の多面的多角的な視点を失わせてしまう恐れがあり、高校等で行われる模擬投票等で意図的に政治色の強い偏向教育を行うことで、特定のイデオロギーに染まった結論が導き出されることをわが党は危惧しております。

そこで、この度、学校教育における政治的中立性についての実態調査を実施することといたしました。皆さまのご協力をお願いいたします。

姓　全角入力　例）山田

名　全角入力　例）太郎

自民黨官網發布「學校教育的政治中立性的實況調查」。

島、竹島和北方領土[2]，請把日本當成壞人的中國和韓國改過自新，不在歷史教科書中教導虛假內容。安倍首相，加油！安倍首相，加油！安保法制在國會通過，真是太好了。」這就不是偏頗教育嗎？

在這樣的行動之下，許多學校紛紛開始「揣摩上意自我審查」。為了避免在課堂或學校經營方面受到攻擊，每當議員在議會提出質詢時，學校就會檢查教師所編纂的講義，甚至發生校長未經教師本人同意，搜查一位教師放在學校的私人物品，甚至擅自取走等侵犯人權的行為。此外，針對「日之丸」（日本國旗）和《君之代》（日本國歌）的問題，也有校長為了避免被批評，在得知議員將參加畢業典禮後，不顧教職員間的共識，就改變以往畢業典禮的流程。教育委員會稱「只是通知校長會有質詢」或「只是告知校長議員會參加畢業典禮」，但上級的指示一層層傳達到基層時，強制的力道便會以「揣摩上意自我審查」的形式變得更強。可以說，現在教育現場遭遇政治干預已成常態，籠罩在揣摩上意、自我審查的風暴之中。

無所畏懼地持續教「慰安婦」議題

歷史修正主義者的目標是學校，還有教師。歷史研究從頭到尾都不是他們攻擊的對象，因為他們很清楚，自己根本不是歷史研究的對手。然而，雖然他們沒辦法跟歷史研究匹敵，還是將無法實證、胡說八道的內容寫成仇恨書籍四處流通，並在網路上大量散播對自己有利的主張。在高度匿名的網路環境中，內容上傳之後短時間內就會四處擴散。捏造出來的文章以假亂真在網路上流傳，如果在網路上搜尋「慰安婦」，最先看到的是對「慰安婦」們無情的毀謗中傷。不少人看到網路上捏造的文章，因而對於她們「拿了錢」、「當時過得很奢侈」、「不是在路上被強行擄走，因此不算是強迫」、「當時賣身是很普遍的事」這些說法信以為真。

於是，教育委員會便在沒有認真求證的情況下，就指導教學現場的老師應該要「在教學中並陳雙方的意見」、「對於有不同意見的事件，歷史評價尚未確定的事件，應該謹慎處理，充分考慮。」

意見並陳指的是什麼呢？遠山茂樹在《從歷史學到歷史教育》（岩崎書店，一九八〇年）一書中寫道：「所謂學說，必須是根據事實求證，也就是經過論證，在學術會議發表

2 編註：此處提到的島嶼皆有領土爭議。日方所謂的「尖閣列島」，台灣稱為「釣魚台列嶼」，中國稱為「釣魚島及其附屬島嶼」，三方皆宣稱對其擁有主權。日方所謂「竹島」，韓國稱為「獨島」，日本及南北韓皆聲索主權。而日方所謂「北方領土」，為北海道東北方、千島群島最南端的四個島嶼，目前由俄羅斯管轄。

且經得起其他研究者批評，並以學界多年累積的研究成果為基礎。」針對「慰安婦」問題，歷史修正主義者的主張明顯不符合上述任何一個條件。

有些人會用「教科書上沒寫」當成攻擊課程內容的藉口。在這個意義上，自二〇一二年以來，「慰安婦」的敘述從歷史教科書中消失，關於日本戰爭侵略的記述減少，這個事實造成相當大的影響。如果教科書裡有相關的敘述，第一線的教師就不容易受到外界的攻擊，而不太理解「慰安婦」問題的年輕教師也會有空間投入教材研究，並納入教學。

然而，有關「慰安婦」的描述，在二〇一六年開始使用的社會科教科書當中，久違地重現了。載入相關內容的是學習舍出版的《一起學習人類歷史：國中社會歷史領域》。在「重新探問戰後」章節中，正文提到強擄、強迫勞動的事實和補償問題，專欄中則寫道：

學習舍出版的《一起學習人類歷史：國中社會歷史領域》。

「以一九九一年韓國金學順的證詞為契機，日本政府開始針對戰爭中對女性的暴力以及人權侵害展開調查，並於一九九三年發表政府見解，表達道歉及反省之意。在這個情況下，東亞開始重新探問戰時的人權侵害問題。美國、荷蘭等各國的議會也提出相關的問題。」並摘錄了河野洋平官房長官談話的

【朝鮮・台湾の人びとと日本の戦争】

戦争が長期化すると，日本政府は，敗戦までに約70万人の朝鮮人を国内の炭鉱などに送り込んだ。長時間の重労働で，食事も不十分だったため，病気になったり，逃亡したりする人も多かった。

さらに，志願や徴兵で，多数の人びとが日本軍に動員された。また，軍属として，日本の占領地にある捕虜収容所の監視人や土木作業などを命じられた。朝鮮からは軍人20万人以上，軍属約15万人，台湾からは軍人約8万人，軍属約12万人にのぼった。

一方，朝鮮・台湾の若い女性のなかには，戦地に送られた人たちがいた。この女性たちは，日本軍とともに移動させられ，自分の意思で行動することはできなかった。

【問い直される人権の侵害】

1990年代，世界では，戦時下や植民地支配下での人権侵害を問い直す動きがすすんだ。2001年に南アフリカで開かれた，国連主催の会議で，奴隷貿易や奴隷制度，植民地支配の責任が初めて問われた。

アメリカ政府とカナダ政府は，第二次世界大戦中に日系アメリカ人を強制収容所に入れたことを謝罪し，被害者に補償を行った。2013年，イギリス政府は，植民地だったケニアで独立を求めた人びとを収容所に入れ，拷問・虐待した問題で，被害者に補償を行うことを表明した。

1991年の韓国の金学順の証言をきっかけとして，日本政府は，戦時下の女性への暴力と人権侵害についての調査を行った。そして，1993年にお詫びと反省の気持ちをしめす政府見解を発表した。このように，東アジアでも戦時下の人権侵害を問い直す動きがすすんだ。アメリカ，オランダなど各国の議会もこの問題を取り上げた。

現在，世界各地の戦時下の暴力や人権侵害の責任が問い直されるようになっている。

學習舍出版的《一起學習人類歷史：國中社會歷史領域》對「慰安婦」問題的描述。

部分內容。這是相當劃時代的作法。此前大家總是煞有介事地說，記載「慰安婦」的內容不會通過審查，但這次通過證明並非如此。即便只有一家出版社的教科書有記載，但將相關敘述寫入教科書本身就有很大的意義。

在精心設計教學內容，不讓教科書出版社賭上良心的努力白費的同時，採取行動讓教科書能夠記載真相，無疑是當前重要的課題。

如果只教導日本好的地方，最後會培育出怎樣的人呢？最近有很多綜藝節目在稱讚日本是最好的、日本很棒。然而，如果只教導大家這個面向，我們難道不會只培育出自大而傲慢的人嗎？歷史有正負兩面。我認為，如果要避免重蹈覆轍，特意教導、學習負面的面向是相當重要的。「透過理解負面的面向，我學習到不要再犯同樣的錯」、「在日本跟鄰近國家的關係中，理解日本犯下的錯反而很重要」、「就算不是自己做的事，但理解自己的國家對很多國家做的加害行為還是很重要。」我教過的學生這麼說道。

要學習戰爭的實際狀況，「慰安婦」問題是一個相當重要的視角。設有軍事基地的地方，以及正在交戰的地方，現在仍然有戰時性暴力發生。反覆發生美軍性暴力犯行的沖繩，以及內戰持續不斷的敘利亞就是顯例。我們是不是只是用「好可憐」、「好過分」草草帶過，而輕忽了她們受到的傷害呢？透過「慰安婦」問題，我希望孩子們可以將當下正在發生的性暴力當成自己的事，而非事不關己。我希望大家能站在當事人的觀點來思考。

今日，「競爭」與「為自己負責」等觀念橫行，社會保障制度崩解，新自由主義肆虐。東日本大地震的受災戶被置之不理，奧運卻掀起熱潮。大人小孩都面臨二選一的抉擇，備受空洞話語的糾纏。市民間的分裂和孤立不斷擴大。

儘管成長幅度有限，但有越來越多學校選用歷史修正主義者帶著特定政治意圖編纂的教科書，他們正計畫利用這些教科書，將孩子們塑造成當權者期望的人。

恐怕沒有比現在這一刻，更需要歷史研究者和教育人士正視現實、活在現實當中，並探問如何以現實為基礎看待過去。從站出來發聲的「慰安婦」的生活態度，以及我的學生們身上，我學習到，我們可以採取哪些行動與這些現實交鋒。我希望我們能夠強化歷史學和歷史教育之間的連結、從理論和實踐兩方面來超越歷史修正主義者的伎倆，並創造戰後教育新的高峰。有些人想將日本改造成能夠再次發動戰爭的國家，正是現在，歷史研究者與歷史教育者應該攜手合作，嚴選扎實的近現代史教育內容並設計課程，讓內容能夠經得起這些人的攻擊。我們要持續教導「慰安婦」問題，無所畏懼。如果有很多這樣的教學出現，社會肯定會改變。

「不當旁觀者」並「起身抵抗」

二〇一七年三月，畢業進入最後倒數。在剩下的時間裡，我想對自己班上的孩子們傳遞一些訊息，因此播放了電影《盧安達飯店》（*Hotel Rwanda*，二〇〇四年，泰瑞・喬治導演，英國、義大利、南非合拍）給他們看。背景是一九九四年，在非洲的小國盧安達，胡圖族與圖西族長久以來的民族衝突爆發，造成超過一百萬人（百分之十的國民）喪生的大屠殺。電影以真實故事為題材，描繪當時四星級酒店的副經理拯救了一千多人的性命。電影中有一幕，一位攝影師將屠殺的畫面發布到國際。「世界各地的人看到以後，就會來拯救我們。」主角高興地說，然而攝影師卻說：「世界各地的人看到這些畫面，只會說『真恐怖』，然後繼續吃晚餐。」

這就是我最想讓學生們觀賞的場景。

我想傳達的是：「這不就是我們現在對沖繩所採取的態度嗎？」

我在課堂上談到普天間基地及嘉手納基地的危險性、日本國內約有百分之七十的美軍基地被強迫蓋在沖繩[3]、政府不顧居民的反對聲浪，於邊野古建造新基地、於高江建造魚鷹機的停機坪，以及前一年（二〇一六年）二十歲的女性被前美國海軍陸戰隊員強暴殺害事件。我希望學生們思考：為什麼這些事都集中發生在沖繩？為什麼這位女性不幸受害？事件的癥結點是什麼？沖繩的問題與住在（日本）本土的我們有何關聯？這是別人家的事嗎？而不只是停留在「沖繩好慘」、「真是可憐」這些感想。

畢業典禮後，每個孩子都送了我寫有留言的小卡片。真由剛上三年級時，還不太會表達自己的意見，時常看起來很不安，但隨著畢業越來越近，她也越來越能夠踴躍說出自己的主張。真由給我的小卡片上寫道：

認識老師之後我的人生變了很多！！我開始認真思考戰爭與和平，不把這些事當成別人家的事。這都要感謝老師每天都發《Nankurunaisa~》[4]給我們看。我也好好理解到每個人付出的努力！！直到最後，老師都從旁守護三年六班，但該生氣的時候還是會生氣！！

我要努力成為像老師這樣的大人！！

當今的教育現場，入學典禮和畢業典禮都會因「日之丸」與《君之代》而受到右派議員的施壓。議員會在議會質詢時提出各式各樣的要求：「停止面對面形式的典禮」[5]、「以講台形式進行並在正前方掛上日之丸旗」、「讓小孩們合唱《君之代》」。有些校方人士會揣摩上意，無視教職員過去形成的共識。有時讓人覺得，他們的在乎的是議會及教育委員會，而不是孩子們。一直以來我跟許多校方人士打過交道，有時候也會感到很徒勞。

有一天，家長會的公關負責人，向大家徵求家長會報畢業生特輯上的文章：「希望老師能用一個漢字來表達孩子們的國中生活和今後的發展。」班導一定得寫。我該寫什麼字呢？

「抗」。

3 譯註：針對這個比例，較正確的描述是「美軍專用設施的百分之七十」，美軍和自衛隊合用的基地不包含在內。因這個說法很常被攻擊表達得不精確，特此說明。

4 作者註：班級通訊。沖繩方言「總會有辦法」之意。

5 譯註：指畢業生與在校生、家長平行並面向彼此排坐，而非傳統上學生統一面向講台的畢業典禮。

這是我所選的字，也是我唯一想到的一個字。

仔細想想，過去十年來我一直都在抗爭。針對各種試圖壓制民主教育的行為，抗爭的對象有時候是在特會，有時候是教育委員會，有時候則是管理階層。之所以要抗爭，是因為我知道，雖然我抵抗的是針對我個人的攻擊，但這些攻擊不僅是針對我個人，更是針對學校這樣的場所，更進一步說，是加諸在孩子們身上的攻擊。我並不認為自己是在戰鬥。戰鬥是以打敗對手為目的的行為，而我並不打算打敗對手，我只是希望讓他們停止攻擊。所以，每次受到攻擊時，我都會起身抵抗。雖然我沒有想要打敗攻擊我的人，但我也不想被打敗。即便知道對方聽不進去，我還是說之以理，不屈不撓與之抗爭。而為了對抗他們，我必須不斷學習。我必須讓周遭的人明白誰才是有理的一方，因此我需要有說服力的說法。這非常麻煩。然而，我也只能堅持下去。針對那些發動不合理攻擊的勢力，我要讓他們明白，他們所做的一切不會使社會變得更好。我要讓他們意識到自己的所作所為是徒勞無功的。

家長會報出刊後，孩子們互相討論並猜測我寫的字是什麼意思。有些孩子看著我寫的字，露出了不可思議的表情。我打算在畢業典禮當天最後的導生時間做說明。

二〇一七年三月十四日，畢業典禮這天，我只剩下最後一點時間可以跟孩子們說話。

我想，大家從小到大都很常被人說要乖巧、要聽話。小的時候這樣或許也沒什麼問題。然而，我特別希望今後你們可以成為懂得「抵抗」的人。我至今都很重視「抵抗」。我希望你們也能重視「抵抗」，因此在家長會報上寫下了「抗」這個字。

「抗」這個字出現在「反抗」一詞當中。這個字通常不會給人什麼好印象。然而「抵抗力」這個詞當中也有「抗」。生病的時候有沒有抵抗力，會決定身體很快恢復或症狀加劇。「抵抗力」指的是戰勝疾病的力量，也是不輸給外在壓力的力量。

今天之後大家要踏入的社會，可能會是一個人權不受保障，本該握有主權的國民被踐踏的社會、可能會發生很多不合理的事。這時候可不能叫大家聽話。這時候就應該要抵抗，就應該起身對抗，但為此我們必須學習。這需要力量，需要勇氣。我們需要擁有力量，清楚哪些事不合理、這樣的事從何而來、遇到了該怎麼做。人在碰到不合理的事情時，如果覺得跟自己無關，當一個旁觀者，總有一天這樣的不合理也會波及到自己。沒辦法一個人對抗的時候，可以串連夥伴們，與夥伴們一起同行。

我希望你們每一位都能得到幸福。對每一個人來說，幸福的定義都不一樣。但沒有幸福是來自把人踩在腳底下。沒有幸福是靠別人的犧牲得來的。為了讓自己得到幸福，我們也要守護他人的幸福。我們應該對抗踐踏他人幸福的行為，就像我們自己的幸福被踐踏的時候一樣。之後我們還要拓展自己的視野。在日本的其他地方，是不是有些人、有些地區是被人踩在腳下、是被人踐踏的呢？我們真的可以事不關己嗎？我們應該怎麼做？我希望大家可以在長大成人的過程中不斷思考這些事。

這是我想給大家的最後一段話。

我用這些話送孩子們啟程。

附錄

加藤內閣官房長官發言

一九九二年七月六日[1]

有關出身自朝鮮半島的所謂從軍慰安婦問題，我們從去十二月以來，就政府是否曾參與該問題，針對可能保管相關資料的省廳進行調查。現在調查結果已經整理完畢，特此公布。調查結果如公布內容所述，如果由我簡單摘要，我們確認到政府參與了慰安所的設置、慰安婦招募人員的監管、慰安設施的建造與補強、慰安所的經營與監督、慰安所及慰安婦的衛生管理，以及慰安所有關人員的身分證明書發行等。關於調查的具體結果，我們已在報告書中以各項資料概述，請大家閱讀。稍後將由內閣外政審議室針對細節做說明，有關內容的問題，請向他們詢問。

無論國籍和出身地，對於所有以所謂從軍慰安婦身分經歷了難以言喻的痛苦的人們，我們以政府的立場再次表達由衷的道歉和反省之意。我們將帶著絕不再犯此等錯誤的深切反省與決心，堅持和平國家的立場，努力構築新的日韓關係，以及與其他亞洲各國和地區的關係，邁向未來。

我們聆聽了許多人針對這個問題的敘述，內心非常難過。對於經歷過此等痛苦的人們，我們將聽取各方面意見，同時誠摯考慮如何表達我們的心意。

1 參見：http://www.mofa.go.jp/mofaj/area/taisen/kato.html。

河野談話

有關慰安婦相關調查結果發表之河野內閣官房長官談話

一九九三年八月四日[2]

關於所謂從軍慰安婦問題，政府自前年十二月展開調查，目前調查結果已整理完畢，特此公布。

調查結果顯示，慰安所曾被長時間設置，而且範圍廣泛，並曾存在大量的慰安婦。這些慰安所是應當時軍方當局的要求而設置，舊日本軍在設置、管理以及慰安婦的運送中直接或間接地參與其中。慰安婦的招募主要由軍方委託的業者進行，但在此過程中，也有不少案例顯示這些女性是在話術和高壓的手段之下，以違背本人意願的方式受到徵集，並且也有官員等直接參與其中。此外，慰安所內的生活處於強制的情況下，十分痛苦。

另外，有關被送往戰地的慰安婦的出身地，除了日本之外，朝鮮半島佔有相當大的比例。當時朝鮮半島處於我國的統治下，這些慰安婦的招募、運送和管理等，大多是以話術或高壓的方式，在違背本人意願的情況下進行。

無論如何，這是一個在當時軍方的參與下，深深傷害了許多女性的尊嚴與名譽的問題。政府藉此機會，再次向無論出身地為何、所有遭受難以癒合的身心創傷的所謂「從軍慰安婦」，致以誠摯的歉意與反省之意。同時，有關如何以國家立場表達此意，我們也認為有必要徵詢專家意見，今後認真思考。

我們不能迴避這段歷史的真相，反而要正視這個歷史的教訓。我們在此表明決心，透過歷史研究與歷史教育，將這段歷史長久銘記於心，絕不重蹈覆轍。

另外，關於這個問題，目前在日本國內已有訴訟提出，國際上也十分關注，包括民間的研究在內，政府今後也將繼續關注此議題。

2 參見：https://www.mofa.go.jp/mofaj/area/taisen/kono.html。

村山談話

村山內閣總理大臣談話「戰後五十週年終戰紀念日之際」[3]

一九九五年八月十五日[4]

上次大戰結束以後，已過了五十年的歲月。如今再次緬懷那場戰爭中遇難的國內外許多人時，感慨萬端。

戰敗後，日本從被戰火燒光的情況開始，克服了許多困難，建立了今天的和平與繁榮。這是值得我們自豪的。每一個國民在這過程中傾注了才智，作出了不懈的努力。對此我謹表示由衷的敬意。對於美國以及世界各國直至今日所給予的支援與合作，再次深表謝意。另外，我國同亞太鄰國、美國以及歐洲各國之間建立起今日這樣的友好關係，對此我感到由衷的高興。

今天，日本成為了和平、富裕的國家，正因如此，我們也常常忘掉這份和平的可貴與得來不易。我們應該把戰爭的悲慘傳承給年輕一代，以免重蹈覆轍。而且要和近鄰各國人民攜手合作，進一步鞏固亞太地區乃至世界的和平，為此，特別重要的是，和這些國家建立基於深刻理解與相互信賴的關係。這是必不可少的。日本政府本著這種想法，正在推動以兩方面為支柱的和平友好交流事業，一是支援關於近現代史上日本與亞洲鄰國關係的歷史研究，二是大幅擴展與各國的交流。同時，對於我國目前致力解決的戰後處理問題，我也將繼續誠懇應對，以進一步加強我國與這些國家的信賴關係。

時值戰後五十週年之際，我們應當銘記的是：回顧過去，從中汲取歷史教訓；展望未來，不要偏離人類社會邁向和平繁榮的道路。

我國在不久前的一段時期，因國策錯誤，走上了戰爭的道路，使國民陷入存亡的危機，且因殖民統治和侵略，給許多國家，特別是亞洲各國人民帶來了巨大的損害和痛苦。為了避免未來重蹈覆轍，我們謙虛面對此一無庸置疑的歷史事實，再次表示深刻的反省和由衷的歉意。同時，謹向所有在這段歷史中犧牲的國內外人士表示沉痛的哀悼。

戰敗後五十週年的今天，我國應該立基於對過去的深刻反省，摒棄自以為是的民族

3 參見：https://www.mofa.go.jp/mofaj/press/danwa/07/dmu_0815.html。

4 譯註：以日本國駐華大使館的翻譯版本為基礎，潤飾並修改不通順之處。參見：https://www.cn.emb-japan.go.jp/itpr_zh/bunken_1995danwa.html。

主義，作為負責任的國際社會的一員，積極促進國際合作，來推廣和平的理念和民主主義。同時，非常重要的是，我國作為唯一經歷過原子彈轟炸的國家，必須致力於徹底廢除核武，加強核不擴散機制，並積極推動國際裁軍。我相信唯有如此才能彌補過去的錯誤，也才能撫慰犧牲者的靈魂。

古話說：「杖莫如信」[5]。在這值得紀念的時刻，我謹向國內外誓言：信義就是我施政的根本。

5 原書編註：指「可依憑的莫過於守信義」。

宮澤談話

有關「歷史教科書」宮澤內閣官房長官談話[6]

一九八二年八月二十六日

一、日本政府及日本國民，深刻自覺到過去我國的行為，為韓國、中國等亞洲國家人民帶來了巨大的痛苦和損害，立基於絕不再犯相同過錯的反省和決心，走上和平國家的道路。我國在昭和四十（一九六五）年的日韓聯合聲明中，對韓國表示「對過去的關係感到遺憾並深刻反省」；在中日聯合聲明中，對中國表示「日本過去在戰爭中給中國人民帶來了重大損害，我們深感應負責並深刻反省」，這些表態確認了我國的反省和決心，這些理解至今也未有絲毫改變。

二、上述日韓聯合聲明、中日聯合聲明的精神，理應在我國的學校教育和教科書審查

6 參見：https://www.mofa.go.jp/mofaj/area/taisen/miyazawa.html。

中受到尊重。然而，當今韓國及中國等國，就這一點針對我國教科書的敘述提出批判。我國應在推進與亞洲鄰國的友好和親善的過程中，充分傾聽這些批評，並由政府負責予以糾正。

三、因此，今後在教科書審查時，將在教科用圖書審查調查審議會討論後，修訂審查標準，以確保充分實現上述目的。對於已經完成審查的教科書，將迅速採取措施，以實現相同目的，在此之前，文部大臣將發表見解，確保上述第二點之目的能充分反映在教育現場中。

四、我國今後也將致力於促進與鄰近國家國民的相互理解及友好合作的發展，對亞洲乃至世界的和平與安定作出貢獻。

安倍談話

內閣總理大臣談話[7]

二〇一五年八月十四日[8]

正值戰爭結束七十週年之際，我們認為，必須平靜地回顧走向那場戰爭的道路、戰後的進程、二十世紀一整個時代，並從歷史的教訓中汲取面向未來的智慧。

一百多年前，以西方國家為主的廣大殖民地遍及世界各地。十九世紀，以科技的絕對優勢為後盾，殖民統治的浪潮也波及到亞洲。毫無疑問，其帶來的危機感化為日本實現現代化的動力。日本首次在亞洲實現立憲政治，守住了國家的獨立。日俄戰爭鼓舞了許多處

7 參見：https://warp.ndl.go.jp/info:ndljp/pid/10992693/www.kantei.go.jp/jp/97_abe/discource/20150814danwa.html。

8 譯註：以日本國駐華大使館的翻譯版本為基礎，潤飾並修改不通順之處。參見：https://www.cn.emb-japan.go.jp/itpr_zh/bunken_2015danwa.html。

在殖民統治下的亞洲和非洲的人們。

經過第一次世界大戰的席捲後，民族自決運動蓬勃發展，阻止了先前的殖民化。這場戰爭造成了一千萬人犧牲，是一場悲慘的戰爭。人們渴望「和平」，創立了國際聯盟，並制定了非戰公約。將戰爭本身定為非法的國際社會趨勢也因而誕生。

一開始日本也與之同步，然而，經濟大恐慌爆發後，歐美各國透過殖民地經濟來推動區域經濟的集團化，日本經濟受到重大打擊。此間，日本的孤立感加深，試圖依靠武力來解決外交和經濟上的困境。對此，國內政治體制也未能予以阻止。日本於是迷失在世界局勢中。

經歷滿洲事變[9]以及退出國際聯盟，日本逐漸變成國際社會經過巨大犧牲而建立起來的新的國際秩序的挑戰者，弄錯該走的方向，走上戰爭的道路。

於是在七十年前，日本戰敗了。

戰後七十年之際，我在國內外所有死難者面前，深深地鞠躬，表達悲痛惋惜，以及永久的哀悼之意。

在那場戰爭中，我們失去了三百多萬同胞的生命。有不少人掛念著祖國的未來、祈願著家人的幸福，在戰爭中喪命。戰爭結束後，也有不少人在嚴寒或酷熱的遙遠異國他鄉，在飢餓或疾病的痛苦中去世。廣島和長崎遭受了原子彈轟炸、東京以及各城市遭受轟炸、沖繩發生地面戰鬥，許多的平民因而悲慘遇難。

同樣，在與日本兵戎相見的國家中，有不計其數未來可期的年輕生命犧牲。在中國、東南亞、太平洋島嶼等成為戰場的地區，不僅由於戰鬥，還因為糧食不足等原因，許多無辜的平民受苦和遇難。**我們也不能忘記，在戰場背後被嚴重傷害名譽與尊嚴的女性們的存在。**[10]

我國給無辜的人們帶來了無法估量的損害和痛苦。歷史是無法挽回的、殘酷的。每一個人都有各自的生命、夢想、所愛的家人。當我體認到這個顯而易見的事實時，我每每無言以對，心如刀割。

正是在如此重大的犧牲之上，才有今日的和平。這就是戰後日本的出發點。

我們絕不能讓戰爭的慘劇重演。

事變、侵略、戰爭。我們再也不應該用任何武力威脅或武力行使，作為解決國際爭端的手段。必須永遠告別殖民統治，實現尊重所有民族自決權利的世界。

9 編註：即九一八事變，日本關東軍於一九三一年九月十八日自行炸毀南滿鐵路，隨後以此為由武力侵占中國東北（滿洲）。

10 編註：粗體字為原編輯部所加。

我國帶著對那場戰爭的深刻悔悟，並立下誓言。在此基礎上，我國建立自由民主的國家，重視法治，一直堅持著不戰的誓言。我們對七十年來所走過的和平國家的道路默默地感到自豪，並且今後也將貫徹此一堅定的方針。

我國對那場戰爭中的行為多次表示深刻的反省和由衷的歉意。為了以實際行動表明這種心情，我們將印尼、菲律賓等東南亞國家以及台灣、韓國、中國等亞洲鄰居人民走過的苦難歷史銘記在心，戰後一直致力於這些國家的和平與繁榮。

這些歷代內閣的立場，今後也將是堅定不移的。

不過，不管我們付出多大的努力，失去家人的悲哀和在戰禍中飽受塗炭之苦的痛苦記憶也絕不會消失。

因此，我們要將下面的事實銘記在心。

戰後，超過六百萬人從亞洲太平洋各地區平安回國，成為重建日本的原動力。被遺留在中國的將近三千名日本兒童得以成長，再次踏上祖國土地。美國、英國、荷蘭、澳洲等國曾淪為俘虜的人們，長期以來訪問日本，祭拜雙方的戰死者。

飽嘗戰爭苦難的中國人、以及曾經被俘並遭受日軍難以忍受的折磨的人能夠如此寬容，他們的內心有多大的糾結，又付出了多大的努力？

我們必須將此事掛在心上。

正是因為他們如此寬容的胸懷，日本在戰後得以重返國際社會。值此戰後七十年之際，我國向所有致力於和解的國家、所有人士表達由衷的感謝之意。

如今，我國戰後出生的一代已超過了總人口的八成。我們不能讓與戰爭無關的後代子孫擔負持續道歉的宿命。但是，儘管如此，我們日本人要超越世代，正視過去的歷史。我們有責任以謙虛的態度繼承過去，並將它交給未來。

我們的父母輩以及祖父母一代，在戰後的滿目瘡痍和貧困的深淵中存活了下來。而我們這一代，還有接下來的世代，則可以將未來傳承下去。這不僅是前輩們不懈努力的結果，也要歸功於曾作為敵國激烈交戰的美國、澳洲、歐洲各國以及許多國家超越恩仇，付出善意和支援的結果。

我們必須將這件事傳述給未來的世代。將歷史的教訓深深銘刻在心，開拓更美好的未來，為亞洲及世界的和平與繁榮盡力而為。我們擔負著這項重大責任。

對於意圖以武力來打破自身僵局的過去，我們將銘刻在心。正因如此，無論遇到任何爭端，我國都應該尊重法治，不靠訴諸武力，而是以和平與外交方式來解決。我國今後也將堅持，並向世界各國推廣這個原則。作為唯一經歷過原子彈轟炸的國家，我們也追求實現核武的不擴散以及廢除核武的終極目標，並在國際社會上履行自己的責任。

對於二十世紀的戰爭期間，眾多女性的尊嚴與名譽遭受嚴重傷害的過去，我們將銘刻在心。正因如此，我國希望成為一個總是貼近這些女性的心的國家。我國要領導世界，努力將二十一世紀打造成不讓女性人權遭受侵害的世紀。

對於區域經濟的集團化引發爭端的過去，我們將銘刻在心。正因如此，我國努力發展不受任何國家恣意影響的自由、公正、開放的國際經濟體制，加強對發展中國家的支援，引導走向更繁榮的世界。繁榮是和平的基礎，而貧困是暴力的溫床，我們要起身應對之，並為全世界所有人都能享受醫療、教育及自立的機會而做出更大的努力。

對於曾經當過國際秩序的挑戰者的過去，我們將銘刻在心。正因如此，我國堅定不移地堅持自由、民主主義、人權這些基本價值，與共享該價值的國家攜手並進，高舉「積極和平主義」的旗幟，為世界的和平與繁榮做出比以往更大的貢獻。

面向戰後八十年、九十年以及一百年，我們有決心，與各位國民共同努力建設這樣的日本。

在日本進行的日軍性暴力受害者訴訟

（一）亞洲太平洋戰爭韓國人犧牲者請求補償之訴訟

提告者：金學順等九位「慰安婦」受害者及前軍人、軍屬
一九九一年十二月六日　對東京地方法院提起訴訟
二〇〇一年三月二十六日　東京地方法院駁回請求
二〇〇三年七月二十二日　東京高等法院駁回請求
二〇〇四年十一月二十九日　最高法院駁回上訴，判決定讞

【說明】金學順女士等人首次實名揭露曾被迫成為「慰安婦」而提出的訴訟（金學順女士於一九九七年去世）。地院雖然認定存在事實，但不承認其法律主張，並駁回請求。高院指其違反《強迫勞動公約》、《禁止販賣婦孺國際公約》等國際法，並認定日本政府

違反安全配慮義務[11]。此外，高院首次否定了「國家無答責」[12]的法理，認為「在現行憲法下難以承認其正當性與合理性」，但最終仍駁回請求。

(二) 釜山「從軍慰安婦」·女子勤勞挺身隊請求官方道歉等之訴訟

提告者：河順女等三位「慰安婦」受害者及女子勤勞挺身隊七人

一九九二年十二月二十五日　對山口地方法院下關分院提起訴訟

一九九八年四月二十七日　山口地方法院下關分院部分勝訴

二〇〇一年三月二十九日　廣島高等法院全面敗訴

二〇〇三年三月二十五日　最高法院駁回上訴，確定不受理

【說明】以韓國釜山市等三位日軍「慰安婦」受害者與七名女子勤勞挺身隊成員為原告的案件。韓國社會長期將「慰安婦」與「挺身隊」視為同義詞，性暴力受害者與被強制動員至軍需工廠的受害者經常被混淆。一九九八年的下關判決中，法院認定「慰安婦」原告的受害情況「徹底展現了性別歧視和民族歧視思想」，並命令日本國須為其立法不作為進行賠償，但挺身隊原告的訴求則被駁回。全案在廣島高院敗訴，並在最高法院確定被駁回。

（三）菲律賓「從軍慰安婦」請求國家補償之訴訟

提告者：瑪麗亞．羅莎．盧娜．亨森（María Rosa Luna Henson）、塔馬莎．薩利諾格（Tomasa Salinog）、N．格特魯德．巴利薩利薩（N. Gertrude Balisalisa）等共四十六人

一九九三年四月二日　十八人對東京地方法院提起訴訟

一九九三年九月二十日　二十八人追加提告

一九九八年十月九日　東京地方法院駁回請求

二〇〇〇年十二月六日　東京高等法院駁回請求

二〇〇三年十二月二十五日　最高法院駁回上訴，確定不受理

【說明】菲律賓的受害女性，是在家人遭到日軍屠殺時被以刺刀脅迫，強擄至日軍駐紮地並淪為性奴隸。七成的受害者都尚未成年。一審進行了九人的訊問，但法官拒絕確認受害女性脖子上的傷口。唯一一位的證人訊問是針對國際人道法學者，他在證詞中說道：「《海牙公約》第三條明定個人的請求權」。上訴在聖誕節當天遭到駁回。「本來希望法

11 譯註：指雇主有責任確保受雇者身心的健康及安全。

12 譯註：指《國家賠償法》制定前，日本法理不認為國家需對個人造成的傷害負賠償責任。

院最起碼能承認受害事實！」大家持續對判決結果發出悲痛的呼喊。

(四) 在日韓國人前「從軍慰安婦」請求道歉、補償之訴訟

提告者：宋神道

一九九三年四月五日　對東京地方法院提起訴訟

一九九九年十月一日　東京地方法院駁回請求

二〇〇〇年十一月三十日　東京高等法院駁回請求

二〇〇三年三月二十八日　最高法院駁回上訴，確定不受理

【說明】宋神道是在日韓國人受害者當中唯一一位原告。她在生活上處處受限、遭遇歧視和偏見，很難持續打官司。地院判決中，認定了她在中國大陸七年間被迫與日軍部隊共同行動的受害事實。高院首次認定「這是違反《強迫勞動公約》及《禁止販賣婦孺國際公約》的行為，國際法上會產生國家責任」，但兩者都以國家無答責、追溯時效已過為由遭到駁回。

（五）荷蘭人前俘虜、遭扣留平民請求損害賠償事件

提告者：一位「慰安婦」受害者及七位前俘虜、遭扣留者

一九九四年一月二十五日　對東京地方法院提起訴訟

一九九八年十一月三十日　東京地方法院駁回請求

二〇〇一年十月十一日　東京高等法院駁回請求

二〇〇四年三月三十日　最高法院駁回上訴，確定不受理

【說明】戰時，前荷屬東印度群島有十萬多位荷蘭平民被日軍扣留。遭扣留者當中，年輕女性被徵召為「慰安婦」。特別是那些從出生不久到成年前的青春時期，在扣留所中度過了三年多的人們，其創傷在成年後仍持續造成各種障礙。原告主張，根據《海牙公約》第三條，這樣的事件從國際法來看，從以前就被認定是違反人道法及必須進行損害賠償。一審、二審都以國際法並未背書個人的請求權為由駁回。上訴也遭到駁回。

（六）中國人「慰安婦」請求損害賠償之訴訟（第一次）

提告者：李秀梅、劉面煥、陳林桃、周喜香

一九九五年八月七日　對東京地方法院提起訴訟
二〇〇一年五月三十日　東京地方法院駁回請求
二〇〇四年十二月十五日　東京高等法院駁回請求
二〇〇七年四月二十七日　最高法院駁回上訴，確定不受理

【說明】地院召開二十一次言詞辯論，進行了三位原告的訊問（另有一位使用錄影證詞）、兩位原告的意見陳述，以及國際法學者的證人訊問，但最終地院並未進行事實認定即駁回請求；高院召開十一次言詞辯論，進行一位原告及前日軍士兵、歷史學者的證人訊問、兩位原告的意見陳述。高院判決進行了事實認定，但仍以法理上國家無答責、追溯時效已過為由判決敗訴。

（七）中國人「慰安婦」請求損害賠償之訴訟（第二次）

提告者：郭喜翠、侯巧蓮（一九九九年五月離世）
一九九六年二月二十三日　對東京地方法院提起訴訟
二〇〇二年三月二十九日　東京地方法院駁回請求
二〇〇五年三月十八日　東京高等法院駁回請求

二〇〇七年四月二十七日　最高法院駁回上訴，確定不受理

【說明】地院召開二十二次言詞辯論，進行了兩位原告的訊問。判決雖然駁回請求，但進行了詳細的事實認定，也認定受害者至今仍遭受創傷後壓力症候群（PTSD）所苦。高院進行八次言詞辯論，並對原告（已故侯巧蓮的長女）與在當地進行調查的證人進行訊問。高院判決維持了地院判決的事實認定，不承認國家無答責的法理，認定日本國有不法行為責任，但又認定問題已在《日華和平條約》（中日和約）中解決而駁回請求。最高法院的判決，將駁回理由變更為「已在中日聯合聲明（第五項）放棄」並駁回上訴。

（八）山西省性暴力受害者請求損害賠償之訴訟

提告者：萬愛花、趙潤梅、南二僕（已故）等十人

一九九八年十月三十日　對東京地方法院提起訴訟

二〇〇三年四月二十四日　東京地方法院駁回請求

二〇〇五年三月三十一日　東京高等法院駁回請求

二〇〇五年十一月十八日　最高法院駁回上訴，確定不受理

【說明】地院召開十六次言詞辯論，十位原告中有八人接受訊問，並對受害地點兩位

目擊證人進行證人訊問。地院判決雖然駁回請求，但幾乎全面性地認定受害事實，並斷定日軍的加害行為是「顯著脫離常軌的卑劣蠻行」。另加上少見的附帶說明，指出應有立法、行政上的解決方式。高院判決再次確認地院判決的事實認定及附帶說明，但仍以法律論中已被駁斥的「國家無答責」為由判決敗訴。

(九)台灣人前「慰安婦」請求損害賠償之訴訟

提告者：高寶珠、黃阿桃等共九人（其中兩人於訴訟中離世）

一九九九年七月十四日　對東京地方法院提起訴訟

二〇〇二年十月十五日　東京地方法院駁回請求

二〇〇四年二月九日　東京高等法院駁回請求

二〇〇五年二月二十五日　最高法院駁回上訴，確定不受理

【說明】一九九二年，根據專門調查委員會調查的結果，共確認四十八名台灣女性受害的事實（二〇〇五年五月剩下三十名）。[13]台灣的受害型態有以下兩種：（一）漢民族女性被騙說有工作機會後，帶到海外的「慰安所」；（二）原住民女性被命令到部落附近的駐紮地為日軍打雜，每天去到現場就被強姦。本案要求日本政府道歉並賠償的訴訟，一

審判決時連事實都並未認定，二審判決維持原判確定。

（十）海南島戰時性暴力請求受害賠償之訴訟

提告者：陳亞扁、林亞金、黃有良等八人（其中兩人於訴訟中離世）

二〇〇一年七月十六日　對東京地方法院提起訴訟

二〇〇六年八月三十日　東京地方法院駁回請求

二〇〇九年三月二六日　東京高等法院駁回請求

二〇一〇年三月二日　最高法院駁回上訴，確定不受理

【說明】日軍於一九三九年開始，為了獲取南進的基地和資源而佔領海南島。原告（海南島的少數民族女性）被劫持並監禁在駐軍地，直到日軍投降前反覆遭受性暴力。原告基於戰時的受害經歷以及戰後日本政府的不作為，提出損害賠償請求。地方法院與高等法院均認可了事實，高等法院更是認定了「破壞性體驗後的持續性人格變化」。儘管「國

13 編註：根據婦女救援基金會的資料，台灣出面登記確認的「慰安婦」倖存者共有五十九人。二〇二三年五月十日，最後一位「慰安婦」倖存者蔡芳美（Iwal Tanah）逝世，已知的台灣「慰安婦」至此全部離世。

家無答責」的法律原理被否定，但因中日聯合聲明（第五項）中放棄了賠償請求權，導致上訴被駁回，最終在最高法院確定駁回。[14]

14 原書編註：本節「在日本進行的日軍性暴力受害者訴訟」，引自Active Museum「女性的戰爭與和平資料館」（Women's Active Museum on War and Peace, WAM）網站。

ロシア連邦
パラムシル島（幌筵島）
釧路
日 本
茂原
木更津
新島
父島
サイパン島
ガラパン
テニアン島
グアム島
プ島
ミクロネシア連邦
ール
オ共和国
チューク諸島（トラック島）
ポンペイ島
ビアク島
パプアニューギニア独立国
カビエン
パプア州
ラバウル
ココポ
ブーゲンビル島
ニューブリテン島
ニューギニア島
＊国名・地名は2019年現在のもの。地名の変更があった都市等には、当時の地名をカッコ内に付したものもある。
日本軍の最大侵攻ライン
©アクティブ・ミュージアム「女たちの戦争と平和資料館」（wam）

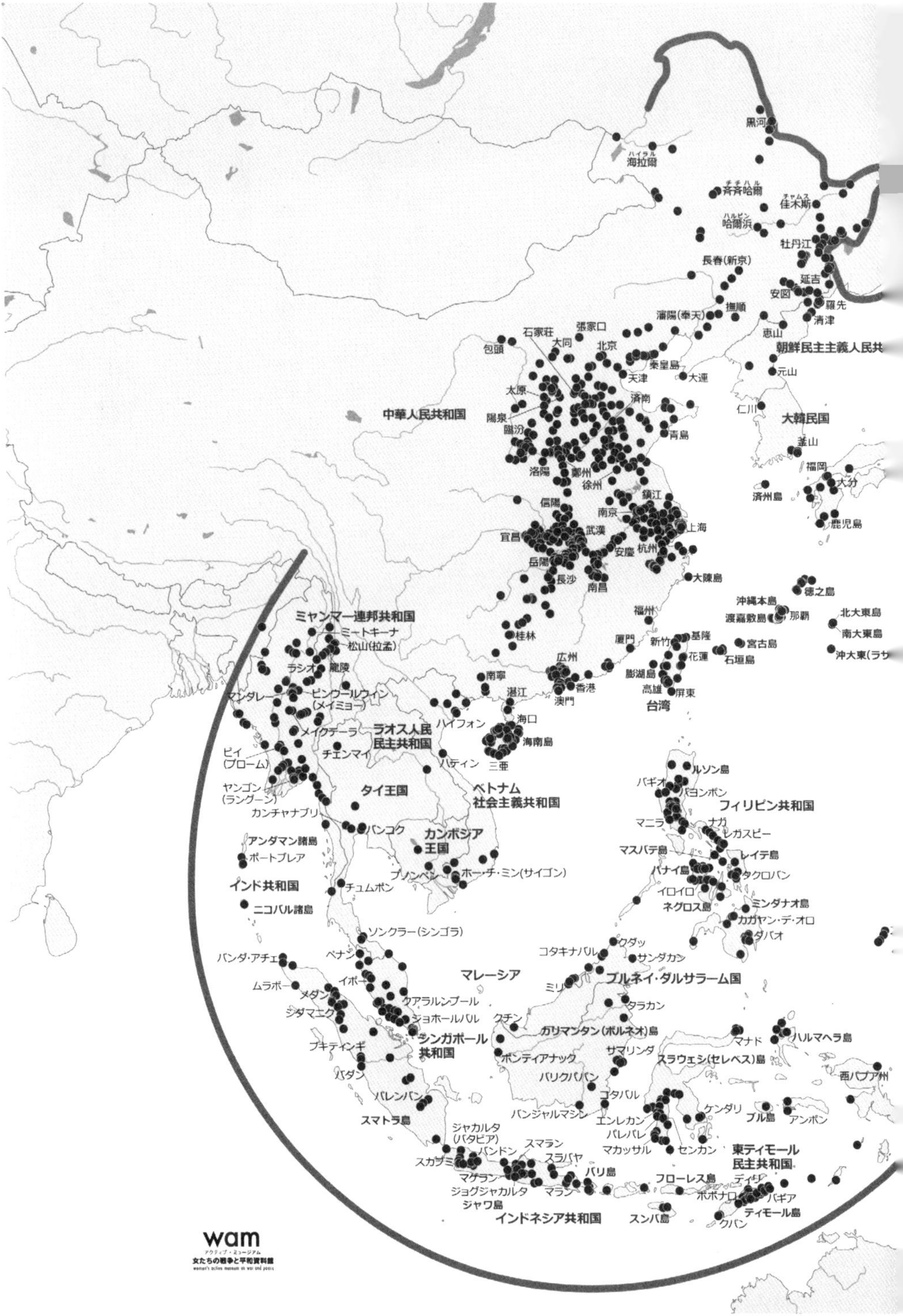

黒河
ハイラル
海拉爾
チチハル
斉斉哈爾
チャムス
佳木斯
ハルビン
哈爾浜
牡丹江
長春(新京)
延吉
安図
羅先
撫順
瀋陽(奉天)
清津
張家口
石家荘
恵山
大同
北京
包頭
朝鮮民主主義人民共
秦皇島
大連
元山
天津
太原
済南
中華人民共和国
陽泉
仁川
大韓民国
臨汾
青島
釜山
洛陽
鄭州
福岡
徐州
大分
済州島
鎮江
信陽
南京
鹿児島
上海
武漢
宜昌
安慶
杭州
岳陽
長沙
南昌
大陸島
徳之島
沖縄本島
渡嘉敷島
那覇
北大東島
福州
南大東島
ミャンマー連邦共和国
ミートキーナ
松山(拉孟)
桂林
厦門
新竹
基隆
宮古島
花蓮
石垣島
沖大東(ラサ
ラシオ
龍陵
広州
南寧
澎湖島
高雄
屏東
香港
マンダレー
ピンウールウィン
(メイミョー)
湛江
澳門
台湾
海口
ハイフォン
メイクテーラ
ラオス人民
民主共和国
海南島
ピイ
(プローム)
チエンマイ
ハティン
三亜
ルソン島
バギオ
バヨンボン
ヤンゴン
(ラングーン)
タイ王国
ベトナム
社会主義共和国
フィリピン共和国
カンチャナブリ
マニラ
ナガ
レガスピー
バンコク
カンボジア
王国
アンダマン諸島
マスバテ島
レイテ島
ポートブレア
プノンペン
ホー・チ・ミン(サイゴン)
パナイ島
タクロバン
インド共和国
チュムポン
イロイロ
ネグロス島
ミンダナオ島
ニコバル諸島
カガヤン・デ・オロ
ソンクラー(シンゴラ)
ダバオ
コタキナバル
クダッ
バンダ・アチェ
ペナン
サンダカン
マレーシア
イポー
ミリ
ブルネイ・ダルサラーム国
ムラボー
メダン
タラカン
クアラルンプール
シダマニク
ジョホールバル
クチン
カリマンタン(ボルネオ)島
マナド
ハルマヘラ島
ブキティンギ
シンガポール
共和国
サマリンダ
ポンティアナック
スラウェシ(セレベス)島
パダン
バリクパパン
西パプア州
パレンバン
コタバル
ケンダリ
バンジャルマシン
ブル島
アンボン
スマトラ島
エンレカン
ジャカルタ
(バタビア)
パレパレ
スマラン
マカッサル
センカン
東ティモール
民主共和国
スカブミ
バンドン
スラバヤ
マゲラン
バリ島
フローレス島
ディリ
ジョグジャカルタ
マラン
ボボナロ
バギア
ジャワ島
ティモール島
インドネシア共和国
スンバ島
クパン
wam
アクティブ・ミュージアム
女たちの戦争と平和資料館
women's active museum on war and peace

日軍慰安所地圖

俄羅斯聯邦
帕拉穆希爾島（幌筵島）

中華人民共和國
黑河
海拉爾
齊齊哈爾
佳木斯
哈爾濱
牡丹江
延吉
安圖
長春（新京）
撫順
瀋陽（奉天）
大連
秦皇島
北京
天津
張家口
大同
石家莊
包頭
太原
陽泉
臨汾

青島
濟南
洛陽
鄭州
徐州
鎮江
南京
上海
杭州
安慶
武漢
信陽
宜昌
岳陽
長沙
南昌

桂林
福州
廈門
廣州
香港
澳門
湛江
海南島
海口
三亞

日本

釧路
茂原
木更津
新島

大分
福岡
鹿兒島
德之島
父島
沖繩本島
那霸
渡嘉敷島
北大東島
南大東島
沖大東（Rasa）島
宮古島
石垣島

朝鮮民主主義人民共和國

羅先
清津
惠山
元山

大韓民國

仁川
釜山
濟州島

台灣

基隆
新竹
高雄
花蓮
屏東
澎湖島

緬甸聯邦共和國

密支那

松山（拉孟）

龍陵

臘戍

曼德勒

彬烏倫（眉苗）

米鐵拉

卑謬（普羅美）

仰光

安達曼群島

布萊爾港

泰王國

清邁

曼谷

北碧府

春蓬

宋卡

寮人民民主共和國

柬埔寨王國

金邊

越南社會主義共和國

海防

河靜

胡志明市（西貢）

菲律賓共和國

呂宋島

碧瑤
巴雲邦教區
馬尼拉
那牙
黎牙實比
馬斯巴特島
萊特島
獨魯萬
民答那峨島
卡加延德羅奧
達沃
班乃島
怡朗
內格羅斯島
塞班島
加拉班

天寧島
關島
帛琉共和國
科羅
密克羅尼西亞聯邦
雅浦島
楚克群島（克魯特島）
波納佩島
印度共和國
尼科巴群島
馬來西亞
檳城

怡保
吉隆坡
新山
加里曼丹（婆羅洲）島
古晉
美里
哥打京那巴魯
古達
山打根
新加坡共和國
汶萊和平之國
印度尼西亞共和國
蘇門答臘島
班達亞齊
美拉坡
棉蘭
西達馬尼克
武吉丁宜
巴東
巨港
加里曼丹（婆羅洲）島
坤甸
塔拉卡恩
巴里巴伴
沙馬林達
馬辰
哥打巴魯
蘇拉威西（西里伯斯）島
馬納多

恩雷康
巴里巴里
望加錫
肯達里
辛康
哈馬黑拉島
布魯島
安汶
新幾內亞島
西巴布亞州
巴布亞州
爪哇島
蘇加武眉
雅加達（巴達維亞）
萬隆
馬格朗

日惹
三寶瓏
泗水
瑪琅
峇里島
松巴島
弗洛勒斯島
帝汶島
古邦
新幾內亞島
西巴布亞州
巴布亞州
比亞克島

新加坡共和國

東帝汶民主共和國

帝汶島

帝利

博博納羅

巴吉亞

巴布亞新幾內亞獨立國

新幾內亞島

新不列顛島

卡維恩

拉包爾

科可坡

布干維爾島

※國名、地名為二〇一九年當時情況。曾更改地名的城市，則在括號裡附註舊地名。

（圖片提供：Active Museum「女性的戰爭與和平資料館」）[1]

1 編註：本地圖由日本東京的「女性的戰爭與和平資料館」提供，但因其未授權修改圖片，故將圖上的日文地名譯為中文後，全部列於圖後，供讀者參照。

教材研究的參考書目

由筆者選出較容易入手的書籍，推薦大家閱讀。

- 西野瑠美子，《従軍慰安婦のはなし―十代のあなたへのメッセージ》（明石書店，一九九三年）。
- 吉見義明，《従軍慰安婦》（岩波新書，一九九五年）。
- 川田文子，《イアンフと呼ばれた戦場の少女》（高文研，二〇〇五年）。
- アクティブ・ミュージアム「女たちの戦争と平和資料館」編，《証言未来への記憶アジア「慰安婦」証言集1/2~南・北・在日コリア編（上）／（下）》（明石書店，二〇〇六／二〇一〇年）。
- 大森典子・川田文子，《「慰安婦」問題が問うてきたこと》（岩波ブックレット，二〇一〇年）。

・吉見義明，《日本軍「慰安婦」制度とは何か》（岩波ブックレット，二〇一〇年）。
・林博史・俵義文・渡辺美奈，《「村山・河野談話」見直しの錯誤 歴史認識と「慰安婦」問題をめぐって》（かもがわ出版，二〇一三年）。
・「戦争と女性への暴力」リサーチアクションセンター編，《「慰安婦」バッシングを越えて「河野談話」と日本の責任》（大月書店，二〇一三年）。
・アクティブ・ミュージアム「女たちの戦争と平和資料館」編，《日本軍「慰安婦」問題すべての疑問に答えます。》（合同出版，二〇一三年）。
・日本軍「慰安婦」問題webサイト制作委員会編，《Q&A「慰安婦」・強制・性奴隷 あなたの疑問に答えます》（御茶の水書房，二〇一四年）。
・日本軍「慰安婦」問題webサイト制作委員会編，《Q&A朝鮮人「慰安婦」と植民地支配責任 あなたの疑問に答えます》（御茶の水書房，二〇一五年）。
・林博史，《日本軍「慰安婦」問題の核心》（花伝社，二〇一五年）。
・「戦争と女性への暴力」リサーチアクションセンター，《日本人「慰安婦」愛国心と人身売買と》（現代書館，二〇一五年）。

後記

二〇一七年九月十二日，朋友在臉書上發文：「Chibichiri-gama被搞得一團亂！」

Chibichiri-gama位於沖繩縣讀谷村，是波平地區的居民避難的Gama（天然洞窟），在美軍登陸的一九四五年四月二日，避難的一百四十人當中有八十五人在這裡「集體自盡」。作為和平學習的場所，大家一直很珍惜這個地方，許多當時留下的遺物都還以原有的狀態保存在洞窟裡，以往大家並不會進到裡面去。這樣的洞窟竟遭到了襲擊。入口的告示牌被丟在一邊，千羽鶴被扯斷，洞窟中的遺物也遭到損壞。

「右派勢力連這裡都要搞破壞嗎！」——我之所以會這樣想，是因為不久前才發生這樣的事：東京ＭＸ電視於一月二日播放的節目「新聞女子」，以「媒體不報的真相」為標題，針對沖繩高江建造美軍直升機停機坪基地的反對運動，發布沒有證據支持的假消息，還提到在《消除仇恨言論法》實行後，仍有人計劃在川崎進行仇恨示威，明顯是在煽動對沖繩以及在日韓裔人士的憎惡。而更過分的是，東京都知事小池竟然表示，不會針對九月一日關東大地震朝鮮人犧牲者追悼式發布以往每年都會發布的追悼文。[1]

當時我意識到，有些人把根本沒有發生的事講得煞有介事、並假裝發生過的事從未發生，這樣的行動跟打算遺忘歷史的心情都日漸增強。

然而後來發現，破壞Chibichiri-gama的是十六歲到十九歲的少年們。根據警察公開的資訊，他們的動機是「試膽」、「惡作劇」。聽到這樣的消息後，我的心情卻反而變得很黯淡，這就表示：沖繩戰究竟是什麼？為何有這麼多人被逼上「集體自盡」的絕境？這些完全沒有傳承給年輕的世代。

人們因為戰爭而死於非命，人生毀於一旦，這些悲慘的經驗可以告訴我們什麼呢？這些經驗並不只是單純的悲劇，也不是已然結束的往事。

從這些經驗裡，我們應該學習理解真相、記憶真相，並為了構築未來的和平，將這些經驗傳承下去。我們不應該只是聽取那些經驗，而是必須注重主動提出問題，摸索解答的

1 譯註：一九二三年關東大地震過後，有關朝鮮人打算趁亂挾怨報復日本的殖民統治，對民宅放火、在井水裡下毒的假消息四起，日本村民於是組成自警隊主動屠殺朝鮮人，造成許多無辜的朝鮮人，甚至被誤認為朝鮮人的中國人和說方言的日本人受害。內閣府二〇〇九年中央防災會議的報告書中，已引述警視廳紀錄承認多起事件，但隨後有極端右翼團體出書主張朝鮮人暴動並非假消息，雖然證據力薄弱，仍導致保守政治勢力找到藉口說事件尚有爭議，因此取消發表追悼文。

過程。如果只是重複「不可以發動戰爭」、「和平比較好」這些口號，不但無法觸及問題的本質，更會流於形式，讓這些觀念隨著時間逐漸被遺忘。這讓身為教師的我思考，我們有必要反思至今為止教授的和平學習內容。

我持續教「慰安婦」議題已經二十年了。為何教授這個議題會成為攻擊的目標、受到各界關注呢？《學習舍》是唯一記載「慰安婦」問題的中學社會科教科書，而最近，選用該教科書的私立國中收到大量內容相仿、帶有威脅意味的明信片，引起大家的關注。有些人試圖逃避戰爭的本質，以美談佳話的方式教導戰爭，藉此向孩子們灌輸身為日本人的自豪感。

就是這樣的行為，導致人們對沖繩戰的真相和基地問題的本質視而不見，以及想假裝關東大地震時並未發生屠殺朝鮮人的事件。可以說，就是這些行徑誘發了仇恨言論和仇恨示威。

我之所以反覆受到攻擊卻未曾放棄，是因為我將教授歷史當成自己的職責，以此面對將要創造未來的孩子們。孩子們幾乎都在學校裡學習歷史，其中包括赴沖繩、廣島及長崎的修學旅行、和平學習的內容，以及歷史課學習戰爭的內容。如果問現在的國中生，就知道大家對中國、北韓及南韓沒有什麼好印象。我強烈認為，有一大部分的責任要歸咎於當代的政治，是他們刻意煽動對鄰國的敵對之心，讓大家對鄰國只留下不好的印象。正因為如此，我才想好好向孩子們傳達戰爭的本質。

這十年來，我遭受過各式各樣的攻擊。我之所以能夠挺住這些壓力，要感謝以真理、真相為本，並以科學且系統性的歷史教育為目標的歷史教育者協議會，以及努力守護學校教育自由的教職員工會的夥伴。一開始受到在特會攻擊時，是立命館宇治國高中的本庄豐在第一線鼓勵並支持我，且在那之後也引導我做研究和寫作。

高文研出版社的真鍋Kaoru（かおる）對我說：「除了介紹『慰安婦』問題的課堂之外，希望也可以描寫在跟孩子們的互動中，如何一邊跟他們建立關係，一邊教授探問歷史認識和人權意識的課程」，我想如果是關於孩子們的事我應該寫得出來，於是接受了寫書的提議。當上老師後認識的這些孩子，正是培育我成為一名教師最重要的存在。因此，我希望可以將他們的模樣跟「慰安婦」課堂一起記錄下來。我想對熱忱鼓勵我出書並投入心力的真鍋表達至深的感謝。

最後我想將這本書獻給被日軍蹂躪的「慰安婦」們。而今後，我也打算繼續教授「慰安婦」問題。

二〇一七年九月二十二日

平井美津子

新版後記（二〇二四年）

在這本書發行的隔年，二〇一八年一月時，筆者接受了《朝日新聞》的人物專欄採訪。對於《朝日新聞》來說，報導「慰安婦」問題是很有挑戰性的事，因為在二〇一四年，《朝日新聞》針對其「慰安婦」報導發布了更正和道歉啟事，並因此遭受嚴重的攻擊。[1]雖然筆者心中也有些許不安，但收到的迴響大多是正面的。讓筆者欣慰的是，「慰安婦」課程因為媒體的報導，不再被視為特別的課程，而是任何學校都能教的內容。

之後，我接受了關注這本書的《共同通訊社》記者的邀請，登上憲法企畫專欄「憲法我的故事」。二〇一八年十月起，各地的地方報都公開刊載這個系列的文章。筆者在文章中介紹了至今教授的「慰安婦」課程，並以金學順說過「我的心很痛，但我還是要說出來，讓這件事留在歷史當中，告訴年輕人事情的真相。」這段筆者一直珍藏在心中的話來作結。

文章刊出後不久，就不斷有電話打進來學校。當時的大阪市長吉村洋文於十月十日的推特（現更名為X）上表示：「我贊成教導學生世界上的性暴力和性別歧視問題。但是，這位提及慰安婦問題的教師，是否也向學生傳達了河野外務大臣先前在國會質詢中答覆『與史實不符』的事實呢？是否有告訴學生，歷史學者的反對立場？這可是公立學校中公務員教師的課程啊。新的文部科學大臣應該了解一下這個狀況。」

吉村所引用的當時河野外務大臣的發言，可以推斷應該是指這段質詢答覆：「日方認為『性奴隸』一詞與史實不符，因此不應用這個方式表達。」但這裡只提到「性奴隸」一詞違反事實，並沒有否定「慰安婦」的存在本身。然而，吉村的這番發言彷彿在說「慰安婦」的存在本身違反史實，有誤導之嫌。

許多人轉推吉村的發文，並留下「慰安婦就只是賣春婦」、「可以打電話抗議學校吧？」、「到這間學校前面示威吧，叫他們不要教小孩假的事」等留言。

至此我才發現，自己對於上報這件事太沒有警戒心了。然而，就算校名和我的真名被刊登出來，為什麼「慰安婦」的課程得受到這麼多攻擊，這樣的疑問一直在我心中盤桓不

1　編註：二〇一四年八月，《朝日新聞》宣布撤回一九八二年引用日本軍人吉田清治的證言所刊載的「慰安婦」報導，認定吉田當年指出日軍在朝鮮半島強擄女性充當「慰安婦」的證詞有誤，引起日本社會一片譁然，右翼勢力更企圖藉此全面否認「慰安婦」的事實。

去。

二〇一八年十月，大阪府議會教育常任委員會開始追究這件事。雖然府議員中也有一些人主張「不要過度介入教學現場，要尊重學校的主體性」，但絕大多數的質問都近乎人身攻擊。此外，大阪府中小學課課長也在還沒調查前就答覆道：「文章中的教學內容如果屬實，我認為那確實不適當。」

這些府議員的追究其實已經構成《教育基本法》第十六條「不當支配」，是針對自己不想讓老師教的事項，運用權力施壓的表現。按理來說，府教委應該不屈服於施壓，成為守護學校教育課程的防波堤。但他們卻看掌權的大阪維新會及自民黨政治人物的臉色，不做合理的調查，就將公立學校一位教師的課程定罪為「不適當」。只能說府教委在此已經踐踏了《教育基本法》，屈服於不當支配。

十月十七日，管理階層突然對我說：「我們要召開緊急學生集會，說明這次的事件，並發給家長資料。我們會在給家長的資料上寫上『平井老師不會再教慰安婦的課』，請妳對大家說妳不會再教『慰安婦』的課程。」

目前為止，我曾因為在課堂中提到沖繩戰的「集體自盡」跟「慰安婦」問題而遭到許多攻擊，但管理階層從來不曾叫我「不准教」。聯合國教科文組織發表的「教師地位建議書」中提到：「六十一：教師在執行其職責時享有學問的自由。教師有資格判斷最適合學生的教具及教學方法，在教材的選擇及使用、教科書的選擇以及教學方法的適用上，在認可的計畫框架內，應獲得教育當局的協助，並擔任主要的角色。」身為管理階層肯定知道這一點。我根本沒料到他們會無視這項理念。

「這不只是我們學校的問題，還會成為整個學校教育的嚴重不良示範。難道一受到政治人物的攻擊，就要放棄教育的自主性嗎？您有想過，如果資料上這段文字被傳播出去，可能會引發第二波攻擊嗎？守護學校是要守護什麼？這就是在放棄教育課程的編纂權。這一點我絕對不會接受。」我堅持主張自己的立場。

資料上後來並沒有寫到不再教導「慰安婦」這一段文字，但在那之後，管理階層仍然持續叫我「不准教『慰安婦』的課程」。

隔年二〇一九年一月二十五日。大阪府教育委員會約談了筆者。

原來，打來學校的電話、傳真、明信片和信件中，雖然有許多針對「慰安婦」課程的質問和批評，但也有一些是支持和鼓勵的訊息。

下午兩點過後開始的訊問，在中場休息後，於三點以後繼續進行。筆者被問到《上一堂「慰安婦」的課》的相關問題時，我感到非常震驚。這本書竟然被當作審問的材料來閱讀，這讓我感到無比悔恨和憤怒，但同時也讓我更加堅定自身立場。

「我要從老師的著作中提問。這本書中寫到〇〇，是否可以說是依據學習指導要領，並考慮到學生的發展階段？」

「我的著作與這次的事件無關，因此我不會回答任何問題。」

這樣的對話持續到了最後。結束時，時鐘的指針已經走到接近五點。

三月二十七日，教育長[2]交給我一張紙，上面寫著：「身為從事學校教育的公立學校教師，這是有違公僕操守的不當行為，已損及其職務的信譽。因此，今後必須嚴加訓誡，確保不再發生類似情況。」問題只聚焦在我沒有通知校方便讓記者進入學校，完全沒有提及是否可以教「慰安婦」課程。

當天下午，大阪府教育廳召開了教育長會見，並向記者發放資料。其中寫道：「有關指導內容，沒有發現任何不符合學習指導要領、或未考慮學生發展階段的情況」，「教學內容並不涉及教導學生偏頗的價值觀」。這表示府教育委員會判斷教導「慰安婦」問題的行為並不屬於處分範疇，也未明說「不可以教『慰安婦』問題」。可以說這場攻防戰縱使漫長而艱難，但仍然證明了教導「慰安婦」問題不因政治原因而受到指責或妨礙。

二〇二〇年度，筆者被從本來應該繼續擔任導師的三年級調走，並配置到實際上不可能教授「慰安婦」問題的年級。但我們沒有輸，因為我們並沒有讓他們說出「不准教」。後來在二〇二〇年三月底，國中社會科歷史教科書的審查結果公布，除了學習舍版之外，山川出版社也出現了「慰安婦」的記載。在那之後，每次教到三年級，筆者都會教授「慰安婦」問題的課程。

二〇二二年五月十三日，從各種面向採訪政治如何介入教育與學問的紀錄片《教育與愛國》（齊加尚代導演，ＭＢＳ每日放送製作）上映。筆者也參與了這部紀錄片。因為我想讓更多人知道，投身教育現場的教師所教授的課程曾經受到政治介入的事實，希望大家思考問題的癥結。

在此分享筆者教過的學生在看完《教育與愛國》後傳給我的一段話：

平井老師，您都好嗎？昨天星期日，我去十三本町的第七藝術劇場看了《教育與愛國》。看到平井老師出現在預告片裡，我想我要去支持美津子的大銀幕初登場（笑）。我在開播前十分鐘才買了當日票，只剩下一個位子，差點就看不到了。

看電影的過程中，我思考了很多事。我從國中就很喜歡歷史課，高中也選了日本史。但我喜歡的是歷史，是在腦海裡想像以前人們的生活和歷史上的某個場景，還有看歷史題材的電影和小說；如果某個政治人物或學者教我扭曲過的歷史，我會感到很生氣，看到東大教授說「學歷史沒有意義」，我也覺得很不甘心。

2 編註：日本的「教育長」是地方教育委員會的最高行政負責人，類似「教育局局長」或「教育處處長」。

我認為「學歷史的意義」，尤其學習戰爭歷史的意義是「理解人類殘酷的一面」。人類會冠冕堂皇地用戰爭的名義煽動大屠殺、輕易踐踏人的尊嚴而不為所動。我想這是人類共通的問題，而非「只有日本人會這樣」或「因為是美國人才這樣」。如果我們不了解這段歷史，同樣的狀況再次發生時，我們可能會毫不猶豫地為國家拿起武器。我認為真正重要的教育，不是讓我們有自信做一位日本人，而是讓我們有自信做自己。我現在還不夠有自信，或許一輩子都很難將自己視為無可取代、獨一無二的存在，但我希望這樣的自我肯定，不是被大人強迫灌輸的，而是靠自己去尋找，也認為應該要靠自己去尋找。

讀了這段話，我更加確信自己努力至今的作法並沒有錯。

二〇二三年是關東大地震中朝鮮人虐殺事件的一百週年，許多人製作各式各樣的紀錄片和電影，年輕人也發起許多行動來傳承這個事件。然而，八月三十日的記者會上，當時的官房長官松野博一針對朝鮮人虐殺事件表示：「政府找不到可確認事實的紀錄」，政府對這件事的態度非常消極。

與中央政府一樣，地方政府也發生了否定加害歷史的情況。二〇二四年一月二十九日，群馬縣政府拆除了縣立公園「群馬之森」的朝鮮人追悼碑。碑上題有「記憶、反省，並且友好」的文字，紀念被動員至群馬縣礦山和軍需品工廠的朝鮮人和中國人俘虜，在惡劣的環境下被強迫勞動的事件，當時是由縣議會一致同意建造的。然而，後來有保守派市民團體認為紀念碑「很反日」並要求拆除，縣政府便拒絕核可設置許可的更新申請，訴訟結果由縣政府勝訴，追悼碑則遭到拆除。

日本在中日戰爭、亞洲太平洋戰爭戰敗已接近八十年，卻打算隱蔽、扭曲而非面對自己國家的歷史，我們只能正視這些問題，持續學習、記憶，避免歷史就這樣風化消失。

筆者由衷希望，這本書能夠持續被更多人閱讀，進而成為傳承的助力。

二〇二四年三月一日

平井美津子

國家圖書館出版品預行編目(CIP)資料

上一堂「慰安婦」的課：一位日本中學教師的戰鬥紀實/平井美津子著；黃昱翔譯. -- 初版.
-- 新北市：黑體文化出版：遠足文化事業股份有限公司發行, 2025.09
面； 公分. -- (黑盒子；48)
ISBN 978-626-7705-56-8(平裝)

1.CST: 慰安婦 2.CST: 歷史教育 3.CST: 日本

542.264 114010018

特別聲明：
有關本書中的言論內容，不代表本公司／出版集團的立場及意見，由作者自行承擔文責。

黑體文化 讀者回函

黑盒子48
上一堂「慰安婦」的課：一位日本中學教師的戰鬥紀實
「慰安婦」問題を子どもにどう教えるか

作者・平井美津子｜譯者・黃昱翔｜責任編輯・張智琦｜封面設計・朱疋｜出版・黑體文化／左岸文化事業有限公司｜總編輯・龍傑娣｜發行・遠足文化事業股份有限公司（讀書共和國出版集團）｜電話・02-2218-1417｜傳真・02-2218-8057｜客服專線・0800-221-029｜讀書共和國客服信箱 service@bookrep.com.tw｜官方網站・http://www.bookrep.com.tw｜法律顧問・華洋法律事務所・蘇文生律師｜印刷・中原造像股份有限公司｜排版・菩薩蠻數位文化有限公司｜初版・2025年9月｜定價・380元｜ISBN・9786267705568｜EISBN・9786267705551（PDF）・9786267705544（EPUB）｜書號・2WBB0048